C R O C H E

Easy One-Day Doilies™

General Information

Many of the products used in this pattern book can be purchased from local craft, fabric and variety stores, or from the Annie's Attic Needlecraft Catalog *(see Customer Service information on page 63).*

Petite Petals

Design by Liz Field

SKILL LEVEL

INTERMEDIATE

FINISHED SIZE
8½ inches in diameter

MATERIALS
- ❑ Crochet cotton size 10:
  100 yds white
- ❑ Size 6/1.80mm steel crochet hook or size needed to obtain gauge

GAUGE
9 sts = 2 inches, rnds 1–4 are 2 inches across

SPECIAL STITCHES
Treble crochet shell (tr shell):
2 tr in 5th ch of next ch-10, ch 4, 2 tr in 6th ch of same ch-10.

Double treble crochet shell (dtr shell): (4 dtr, ch 2, 4 dtr) in next ch sp.

Slanted decrease (slanted dec): [Yo, insert hook in next st, yo, pull lp through, yo, pull through 2 lps on hook] twice, yo, pull through all lps on hook.

Right slant decrease (right slant dec): Skip next ch sp, [yo, insert hook in next st, yo, pull lp through, yo, pull through 2 lps on hook] twice, yo twice, insert hook in next st, yo, pull lp through, [yo, pull through 2 lps on hook] twice, yo, pull through all lps on hook.

Left slant decrease (left slant dec): Yo twice, insert hook in next st, yo, pull lp through, [yo, pull through 2 lps on hook] twice, [yo, insert hook in next st, yo, pull lp through, yo, pull through 2 lps on hook] twice, yo, pull through all lps on hook.

INSTRUCTIONS
DOILY

Rnd 1: Ch 4, sl st in first ch to form ring, ch 1, 8 sc in ring, join with sl st in beg sc. *(8 sc)*

Rnd 2: Ch 7 *(counts as first dc and ch 4)*, dc in same st, (dc, ch 4, dc) in each st around, join with sl st in 3rd ch of beg ch-7. *(16 dc, 8 ch sps)*

Rnd 3: Ch 7, sk next ch sp, [dc in each of next 2 sts, ch 4, sk next ch sp] around to last st, dc in last st, join with sl st in 3rd ch of beg ch-7.

Rnd 4: Ch 3 *(counts as first dc)*, dc in same st, ch 8, sk next ch sp, [2 dc in each of next 2 sts, ch 8, sk next ch sp] around to last st, 2 dc in last st, join with sl st in 3rd ch of beg ch-3.

Rnd 5: Ch 4 *(counts as first tr)*, tr in next st, ch 8, sk next ch sp, [tr in each of next 4 sts, ch 8, sk next ch sp] around to last 2 sts, tr in each of last 2 sts, join with sl st in 4th ch of beg ch-4.

Rnd 6: Ch 4, 2 dc in next st, ch 10, sk next ch sp, tr in each of next 4 sts, ch 10, sk next ch sp, [2 tr in next st, tr in each of next 2 sts, 2 tr in next st, ch 10, sk next ch sp, tr in each of next 4 sts, ch 10, sk next ch sp] around to last 2 sts, 2 tr in next st, tr in last st, join with sl st in 4th ch of beg ch-4.

Rnd 7: Ch 4, tr in each of next 2 sts, ch 4, **tr shell** *(see Special Stitches)*, ch 4, tr in each of next 4 tr, *ch 4, tr shell, ch 4, tr in each of next 6 tr, ch 4, tr shell, ch 4, tr in each of next 4 tr, rep from * around to last ch-10, ch 4, tr shell, ch 4, tr in each of last 3 sts, join with sl st in 4th ch of beg ch-4.

Rnd 8: Ch 4, **slanted dec** *(see Special Stitches)*, *sk next ch sp, dtr in each of next 2 sts; **dtr shell** *(see Special Stitches)*, dtr in each of next 2 sts, sk next ch sp, **dc dec** *(see Stitch Guide)* in next 2 sts, ch 3, dc dec in next 2 sts, sk next ch sp, dtr in each of next 2 sts, dtr shell in next ch sp, dtr in each of next 2 sts, **right slant dec** *(see Special Stitches)*, ch 3**, **left slant dec** *(see Special Stitches)*, rep from * around, ending last rep at **, join with sl st in top of first dec.

Rnd 9: *Sc in each of next 3 sts, hdc in next st, dc in each of next 2 sts, (2 tr, ch 2, 2 tr) in next ch sp, dc in each of next 2 sts, hdc in next st, sc in each of next 3 sts, sl st in next st, (2 sc, ch 2, 2 sc) in next ch sp**, sl st in next st, rep from * around, ending last rep at **, **do not join.**

Rnd 10: *Sl st in joining sl st of rnd 8, ch 2, sk next st, hdc in next st, [ch 1, sk next st, dc in next st] twice, ch 1, sk next st, tr in next st, ch 1, (tr, ch 1, dtr, ch 2, dtr, ch 1, tr) in next ch sp, ch 1, tr in next st, [ch 1, sk next st, dc in next st] twice, ch 1, sk next st, hdc in next st, ch 2, sk next st, sl st in next sl st, ch 8, sk next 4 sc, rep from * around.

Rnd 11: *Sl st in next sl st, ch 2, sk next ch sp, hdc in next st, [ch 2, sk next ch sp, dc in next st] twice, [ch 2, sk next ch sp, tr in next st] 3 times, ch 2, (dtr, ch 3, dtr) in next ch sp, ch 2, [tr in next st, ch 2, sk next ch sp] 3 times, [dc in next st, ch 2, sk next ch sp] twice, hdc in next st, ch 2, sk next ch sp, sl st in next sl st, ch 11, sk next ch sp, rep from * around.

Rnd 12: *Sl st in next sl st, [ch 2, sk next ch sp, sc in next st] 7 times, (2 sc, ch 2, 2 sc) in next ch sp, [sc in next st, ch 2, sk next ch sp] 7 times, sl st in next sl st, ch 9, sc in 3rd ch from hook, ch 6, rep from * around, join with sl st in beg sl st. Fasten off.

STIFFENING & BLOCKING

Optional: For blocking with water, dampen finished piece; arrange and shape on a padded surface. Pin in place with rustproof stainless steel pins; allow to dry completely, then remove pins.

If piece needs more stiffening and shaping, fabric stiffener or starching solution may be used. ❑❑

Oval Pineapple

Design by Della Bieber

FINISHED SIZE
13 x 17 inches

MATERIALS
- ❑ Crochet cotton size 10: 200 yds natural
- ❑ Size 7/1.65mm steel crochet hook or size needed to obtain gauge

GAUGE
3 shell rnds = 1 inch

SPECIAL STITCHES
Beginning shell (beg shell): Sl st in ch sp, ch 3 *(counts as first dc)*, (dc, ch 2, 2 dc) in same ch sp.

Shell: (2 dc, ch 2, 2 dc) in indicated ch sp.

Treble crochet shell (tr shell): (2 tr, ch 2, 2 tr) in indicated ch sp.

Picot: Ch 4, sl st in 4th ch from hook.

INSTRUCTIONS
CENTER STRIP
Motif No. 1
Rnd 1 (RS): Ch 10, sl st in first ch to form ring, ch 3 *(counts as first dc)*, 2 dc in ring, [ch 2, 3 dc in ring] 5 times, ch 2, join with sl st in 3rd ch of beg ch-3. *(12 dc, 6 ch-2 sps)*

Rnd 2: Ch 3, dc in each of next 2 dc, [ch 4, dc in each of next 3 dc] around, join with ch 2, dc in 3rd ch of beg ch-3 forming last ch sp.

Rnd 3: Ch 1, sc in ch sp just made, ch 5, sc in center dc of 3-dc group, [ch 5, sc in next ch-4 sp, ch 5, sc in center dc of 3-dc group] around, join with ch 3, dc in beg sc forming last ch sp.

Rnd 4: Ch 1, sc in ch sp just made, [ch 6, sc in next ch sp] around, join with ch 3, tr in beg sc forming last ch sp.

Rnd 5: Ch 1, sc in ch sp just made, ch 7, [sc in next ch sp, ch 7] around, join with sl st in beg sc. Fasten off.
When joining Motifs, take care to keep Motifs RS facing.

Motif No. 2
Rnds 1–4: Rep rnds 1–4 of Motif No. 1.
Rnd 5: Ch 1, sc in ch sp just made, ch 7, sc in next ch sp, ch 4, sc in next ch-7 sp of Motif No. 1, [ch 3, sc in next ch sp of Motif No. 2, ch 3, sc in next ch sp of Motif No. 1] twice, ch 4, sc in next ch sp of Motif No. 2, ch 7, [sc in next ch sp of Motif No.2, ch 7] around, join with sl st in beg sc. Fasten off.

Motif No. 3
Rnds 1–4: Rep rnds 1–4 of Motif No. 1.
Rnd 5: Ch 1, sc in ch sp just made, ch 7, sc in next ch sp, ch 4, sk 3 ch sps of Motif No. 2, sc in next ch-7 sp of Motif No. 2, [ch 3, sc in next ch sp of Motif No. 3, ch 3, sc in next ch sp of Motif No. 2] twice, ch 4, sc in next ch sp of Motif No. 3, [ch 7, sc in next ch sp of Motif No. 3] around, join with ch 4, tr in beg sc forming last ch sp, **do not fasten off.**

DOILY
Rnd 1: Ch 3 *(counts as first dc)*, (dc, ch 2, 2 dc) in ch sp just made *(first shell)*, ch 3, **tr shell** *(see Special Stitches)* in next ch sp, ch 7, tr shell in next ch sp of middle Motif, ch 3, **shell** *(see Special Stitches)* in next ch sp, ch 3, tr shell in next ch sp, ch 7, tr shell in next Motif, [ch 3, shell in next ch sp] 7 times, ch 3, tr shell in next ch sp, ch 7, tr shell in next ch sp of middle Motif, ch 3, shell in next ch sp, ch 3, tr shell in next ch sp, ch 7, tr in first ch sp of next Motif, [ch 3, shell in next ch sp] 6 times, ch 3, join with sl st in 3rd ch of beg ch-3.

Rnd 2: Beg shell (see Special Stitches), *ch 4, shell in tr shell, ch 7, shell in tr shell, ch 4, shell in shell, ch 4, shell in tr shell, ch 7, shell in tr shell*, [ch 4, shell in shell] 7 times, rep between * once, [ch 4, shell in shell] 6 times, ch 4, join with sl st in 3rd ch of beg ch-3.

Rnd 3: Beg shell, ch 2, sc in next ch sp, ch 2, shell in shell, *ch 3, sc in next ch sp, ch 3, shell in shell, [ch 2, sc in next ch sp, ch 2, shell in shell] twice, ch 3, sc in next ch sp, ch 3, shell in shell*, [ch 2, sc in next ch sp, ch 2, shell in shell] 8 times, rep between * once, [ch 2, sc in next ch sp, ch 2, shell in shell] 6 times, ch 2, sc in next ch sp, ch 2, join with sl st in 3rd ch of beg ch-3.

Rnd 4: Beg shell, ch 4, shell in shell, *ch 7, shell in shell, [ch 4, shell in shell] twice, ch 7*, [shell in shell, ch 4] 8 times, shell in shell, rep between * once, [shell in shell, ch 4] 7 times, join with sl st in 3rd ch of beg ch-3.

Rnd 5: Beg shell, ch 3, sc in next ch sp, ch 3, shell in shell, *ch 4, sc in next ch sp, ch 4, shell in shell, [ch 3, sc in next ch sp, ch 3, shell in shell] twice, ch 4, sc in next ch sp, ch 4*, [shell in shell, ch 3, sc in next ch sp, ch 3] 8 times, shell in shell, rep between * once, [shell in shell, ch 3, sc in next ch sp, ch 3] 7 times, join with sl st in 3rd ch of beg ch-3.

Rnd 6: Beg shell, [ch 5, 7 dc in ch sp of next shell, ch 5, shell in shell] around, ending with ch 5, join with sl st in 3rd ch of beg ch-3. *(12 pineapple bases started)*

Rnd 7: Beg shell, *ch 4, working across 7-dc group, [dc in next dc, ch 1] 6 times, dc in next dc, ch 4, shell in shell, rep from * around, ending with ch 4, join with sl st in 3rd ch of beg ch-3.

Rnd 8: Sl st across to ch-2 sp, ch 3, (dc, {ch 2, 2 dc} twice) in same ch sp, *ch 4, sc in next ch-1 sp, [ch 3, sc in next ch-1 sp] 5 times, ch 4, shell in shell*, rep between * once, **ch 4, sc in next ch-1 sp, [ch 3, sc in next ch-1 sp] 5 times, ch 4, (2 dc, ch 2, 2 dc, ch 2, 2 dc) in ch sp of next shell**, rep between ** 3 times, rep between * twice, rep between ** 3 times, ch 4, sc in next ch-1 sp, [ch 3, sc in next ch-1 sp] 5 times, ch 4, join with sl st in 3rd ch of beg ch-3.

Rnd 9: Sl st to ch-2 sp, beg shell in same ch sp, shell in next ch-2 sp, *ch 4, sc in next ch-3 sp, [ch 3, sc in next ch-3 sp] 4 times, ch 4, shell in shell* rep between * once, **ch 4, sc in next ch-3 sp, [ch 3, sc in next ch-3 sp] 4 times, ch 4, [shell in next ch-2 sp] twice**, rep between ** 3 times, rep between * twice, rep between ** 3 times, ch 4, sc in next ch-3 sp, [ch 3, sc in next ch-3 sp] 4 times, ch 4, join with sl st in 3rd ch of beg ch-3.

Rnd 10: Beg shell, ch 1, shell in shell, *ch 5, sc in next ch-3 sp, [ch 3, sc in next ch-3 sp] 3 times, ch 5, shell in shell*, rep between * once, **ch 5, sc in next ch-3 sp, [ch 3, sc in next ch-3 sp] 3 times, ch 5, shell in shell, ch 1, shell in shell**, rep between ** 3 times, rep between * twice, rep between ** 3 times, ch 5, sc in next ch-3 sp, [ch 3, sc in next ch sp] 3 times, ch 5, join with sl st in 3rd ch of beg ch-3.

Rnd 11: Beg shell, ch 3, shell in shell, *ch 6, sc in next ch-3 sp, [ch 3, sc in next ch-3 sp] twice, ch 6, shell in shell* rep between * once, **ch 6, sc in next ch-3 sp, [ch 3, sc in next ch-3 sp] twice, ch 6, shell in shell, ch 3, shell in shell**, rep between ** 3 times, rep between * twice, rep between ** 3 times, ch 6, sc in next ch-3 sp, [ch 3, sc in next ch-3 sp] twice, ch 6, join with sl st in 3rd ch of beg ch-3.

Rnd 12: Beg shell, ch 6, [shell in shell, ch 7, sc in next ch-3 sp, ch 3, sc in next ch-3 sp, ch 7] 3 times, [shell, in shell, ch 6, shell in shell, ch 7, sc in next ch-3 sp, ch 3, sc in next ch-3 sp, ch 7] 4 times, [shell in shell, ch 7, sc in next ch-3 sp, ch 3, sc in next ch-3 sp, ch 7] 3 times, [shell in shell, ch 6, shell in shell, ch 7, sc in next ch-3 sp, ch 3, sc in next ch-3 sp, ch 7] 3 times, join with sl st in 3rd ch of beg ch-3.

Rnd 13: Beg shell, ch 4, sc in next ch-6 sp, ch 4, [shell in shell, ch 9, sc in next ch-3 sp, ch 9] 3 times, [shell in shell, ch 4, sc in next ch-6 sp, ch 4, shell in shell, ch 9, sc in next ch-3 sp, ch 9] 4 times, [shell in shell, ch 9, sc in next ch-3 sp, ch 9] twice, [shell in shell, ch 4, sc in next ch-6 sp, ch 4, shell in shell, ch 9, sc in next ch-3 sp, ch 9] 3 times, join with sl st in 3rd ch of beg ch-3.

Rnd 14: Beg shell, [ch 3, sc in next ch-4 sp] twice, ch 3, shell in shell, *[ch 6, dc in next ch-9 sp] twice, ch 6, shell in shell*, rep between * twice, **[ch 3, sc in next ch-4 sp] twice, ch 3, shell in shell, [ch 6, dc in next ch-9 sp] twice, ch 6, shell in shell**, rep between ** twice, [ch 3, sc in next ch-4 sp] twice, shell in shell, rep between * 3 times, rep between ** twice, [ch 3, sc in next ch-4 sp] twice, ch 3, shell in shell, [ch 6, dc in next ch-9 sp] twice ch 6, join with sl st in 3rd ch of beg ch-3.

Rnd 15: Sl st across to ch-2 sp of beg shell, (ch 3, dc, **picot**—see Special Stitches, 2 dc) in same ch sp, ch 6, sk next ch-3 sp, sc in next ch-3 sp, ch 6, (2 dc, picot, 2 dc) in ch sp of next shell, *ch 10, sk next ch-6 sp, sc in next ch-6 sp, ch 10, (2 dc, picot, 2 dc) in ch sp of next shell*, rep between * twice, **ch 6, sk next ch-3 sp, sc in next ch-3 sp, ch 6, (2 dc, picot, 2 dc) in ch sp of next shell, ch 10, sk next ch-6 sp, sc in next ch-6 sp, ch 10***, (2 dc, picot, 2 dc) in ch sp of next shell**, rep between ** 3 times, rep between * twice, rep between ** 3 times, ending last rep at ***, join with sl st in 3rd ch of beg ch-3. Fasten off.

STIFFENING & BLOCKING

Optional: For blocking with water, dampen finished piece; arrange and shape on a padded surface. Pin in place with rustproof stainless steel pins; allow to dry completely, then remove pins.

If piece needs more stiffening and shaping, fabric stiffener or starching solution may be used. ❏❏

Spring Meadow

Design by Lucille LaFlamme

FINISHED SIZE
3¼ x 5 inches

MATERIALS
- ❑ Crochet cotton size 10:
  - 13 yds pink
  - 6 yds green
  - 5 yds bright yellow
- ❑ Size 7/1.65mm steel crochet hook or size needed to obtain gauge

GAUGE
Rnds 1 and 2 = 1 x 2¼ inches

INSTRUCTIONS

DOILY

Rnd 1 (RS): With bright yellow, [ch 13, dc in 12th ch from hook, dc in next ch] twice, join with sl st at base of first dc. *(4 dc, 2 ch-11 sps)*

Rnd 2: Ch 3 *(counts as first dc throughout)*, dc in base of next dc, (8 dc, ch 3, 8 dc) in ch-11 sp, dc in each of next 4 dc, (8 dc, ch 3, 8 dc) in next ch-11 sp, dc in base of each of next 2 dc, join with sl st in 3rd ch of beg ch-3. Fasten off. *(40 dc, 2 ch-3 sps)*

Rnd 3: With RS facing, join pink with sl st in next dc after joining st, ch 3, dc in each of next 6 dc, 2 dc in each of next 2 dc, (3 dc, ch 3, 3 dc) in next ch sp, 2 dc in each of next 2 dc, dc in each of next 16 dc, 2 dc in each of next 2 dc, (3 dc, ch 3, 3 dc) in next ch sp, 2 dc in each of next 2 dc, dc in each of next 9 dc, join with sl st in 3rd ch of beg ch-3. Fasten off. *(60 dc)*

Rnd 4: With RS facing, join green with sl st in same st as joining, ch 4 *(counts as first dc and ch-1)*, [sk next dc, dc in next dc, ch 1] 6 times, dc in next dc, ch 1, (dc, ch 1) 3 times in next ch sp, [dc in next dc, ch 1] twice, [sk next dc, dc in next dc, ch 1] 13 times, [dc in next dc, ch 1] twice, (dc, ch 1) 3 times in next ch sp, [dc in next dc, ch 1] 3 times, [sk next dc, dc in next dc, ch 1] 6 times, join with sl st in 3rd ch of beg ch-4. Fasten off. *(40 ch-1 sps)*

Rnd 5: With RS facing, join bright yellow with sl st in first st of last rnd, ch 1, sc in same st, [ch 5, sk next dc, sc in next dc] 4 times, [ch 5, sc in next dc] twice, [ch 5, sk next dc, sc in next dc] 9 times, [ch 5, sc in next dc] twice, [ch 5, sk next dc, sc in next dc] 4 times, ch 5, join with sl st in beg sc. Fasten off. *(22 ch-5 sps)*

Rnd 6: With RS facing, join pink with sl st in first of 2 ch-5 sps at either end of doily, ch 1, sc in same ch sp, ch 5, [sc in next ch sp, ch 5] around, join with sl st in beg sc. *(22 ch-5 sps)*

Rnd 7: Ch 3, 4 dc in same, sc in next ch sp, [5 dc in next sc, sc in next ch sp] around, join with sl st in 3rd ch of beg ch-3. Fasten off.

Rnd 8: With RS facing, join green with sl st in any sc, ch 1, sc in same st, *ch 3, sk next 2 dc, sc in next dc, ch 3 **, sc in next sc, rep from * around, ending last rep at **, join with sl st in beg sc. Fasten off.

STIFFENING & BLOCKING
Optional: For blocking with water, dampen finished piece; arrange and shape on a padded surface. Pin in place with rustproof stainless steel pins; allow to dry completely, then remove pins.

If piece needs more stiffening and shaping, fabric stiffener or starching solution may be used. ❑❑

Sunburst

Design by Liz Field

FINISHED SIZE

6 inches in diameter

MATERIALS

❑ Crochet cotton size 10:
   75 yds white
❑ Size 7/1.65mm steel crochet
   hook or size needed to
   obtain gauge

GAUGE

10 sts = 1 inch, rnds 1–2 are
1¼ inches in diameter

INSTRUCTIONS

DOILY

Rnd 1: Ch 5, sl st in first ch to form
ring, ch 3 *(counts as first dc)*, 15 dc
in ring, join with sl st in top of beg
ch-3. *(16 dc)*

Rnd 2: Ch 5 *(counts as first dc and ch
1)*, dc in same st, dc in next st, ch
1, *(dc, ch 1, dc, ch 1) in next st, dc
in next st, ch 1, rep from * around,
join with sl st in 4th ch of beg ch-5.
(24 dc, 24 ch sps)

Rnd 3: Ch 9, sc in 2nd ch from hook,
(4 sc, 4 hdc, 3 dc, tr) around ch-7, sk
next 3 chs and sts on last rnd, *sl st in
next st, ch 7; hold crochet cotton to
front of work, pull lp on hook through
back lp *(see Stitch Guide)* of 2nd st
of last 4-hdc group, (5 sc, 4 hdc, 3
dc, tr) in ch-7 sp, sk next 3 sts and
chs on last rnd, rep from * around to
last 4 sts and chs on last rnd, sl st in
next st, ch 7, pull lp on hook through
back lp of 2nd st of last 4-hdc group,
(5 sc, hdc) in ch-7 sp, pull lp on hook
through ch at base of first sc at beg
of rnd, (3 hdc, 3 dc, tr) in same ch-7
sp, sk last 3 sts and chs, join with sl
st in joining sl st of last rnd, **turn;** sl
st in front lps of each of next 6 sts,
ch 1, **turn.**

Rnd 4: Sl st in back lp of first sc on last

rnd, ch 5 *(counts as first tr and ch 1)*,
tr in same st, *ch 3, sk next 4 sts, (tr,
ch 1, tr) in back lp of next st, ch 2,
(tr, ch 1, tr) in back lp of first sc in
next ch-7 sp, rep from * around to
last 5 sts, ch 3, sk next 4 sts, (tr, ch
1, tr) in last st, ch 2, join with sl st
in 4th ch of beg ch-5.

Rnd 5: Ch 1, sc in each st and in each
ch-1 sp around with 2 sc in each ch-2
sp and 3 sc in each ch-3 sp, join with
sl st in beg sc. *(132 sc)*

Rnd 6: Ch 3 *(counts as first hdc and
ch 1)*, sk next st, [hdc in next st, ch
1, sk next st] around, join with sl st
in 2nd ch of beg ch-3.

Rnd 7: Ch 1, 3 sc in first ch sp, [2 sc in
next ch sp, 3 sc in next ch sp] around
to last ch sp, 3 sc in last ch sp, join
with sl st in beg sc. *(166 sc)*

Rnd 8: Ch 17, sc in 2nd ch from hook,
(4 sc, 6 hdc, 6 dc, 4 tr, dtr) around
ch-15, sk next 5 sts on last rnd, sl st
in next st, ch 15, pull crochet cotton
to front, pull lp on hook through 6th
st of last 6-hdc group, (6 sc, 6 hdc,

6 dc, 4 tr, dtr) in ch-15 sp, sk next 5
sts on last rnd, *sl st in next st, ch 15,
pull crochet cotton to front, pull lp
on hook through 6th st of last 6-hdc
group, (5 sc, 6 hdc, 6 dc, 4 tr, dtr)
in ch-15 sp, sk next 6 sts, rep from
* around to last 7 sts, sl st in next st,
ch 15, pull crochet cotton to front,
pull lp on hook through 6th st of
last 6-hdc group, (5 sc, 5 hdc) in
ch-15 sp, pull lp on hook through
ch at base of first sc at beg of rnd,
hdc in ch-15 sp, (6 dc, 4 tr, dtr) in
ch-15 sp, join with sl st in joining sl
st of last rnd. Fasten off.

STIFFENING & BLOCKING

Optional: For blocking with water,
dampen finished piece; arrange and
shape on a padded surface. Pin in
place with rustproof stainless steel
pins; allow to dry completely, then
remove pins.

If piece needs more stiffening and
shaping, fabric stiffener or starching
solution may be used. ❑❑

Seashell

Design by Liz Field

FINISHED SIZE
6½ inches in diameter

MATERIALS
- ❏ Crochet cotton size 10: 70 yds white
- ❏ Size 7/1.65mm steel crochet hook or size needed to obtain gauge

GAUGE
10 sts = 1 inch, rnds 1–2 are 1 inch in diameter

SPECIAL STITCHES
Triple treble crochet (tr tr): Yo 4 times, insert hook in st, yo, pull lp through, [yo, pull through 2 lps on hook] 5 times.

Triple triple treble crochet (ttr tr): Yo 5 times, insert hook in st, yo, pull lp through, [yo, pull through 2 lps on hook] 6 times.

INSTRUCTIONS
DOILY
Rnd 1: Ch 8, sl st in first ch to form ring, ch 1, 10 sc in ring, join with sl st in beg sc. *(10 sc)*

Rnd 2: Ch 6, [tr next st, ch 2] 9 times, tr in joining sl st of rnd 1. **Do not join.**

Spiral: You will now be working in a continuous spiral *(spiral will appear to cup slightly, this will flatten out as you continue to work)*, (ch 2, tr) in each of next 5 chs, ch 2, sk next ch

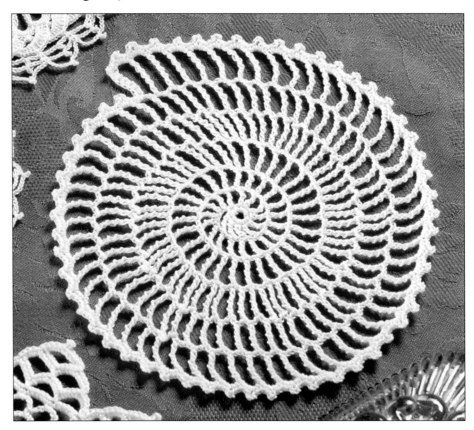

and next st, tr in next ch, working in sts and in chs, [ch 2, sk next st or ch, tr in next ch or st] 12 times, [ch 3, sk next ch or st, dtr in next st or ch] 28 times, [ch 3, sk next ch, dtr in next ch, ch 3, sk next ch, dtr in next st] 28 times, [ch 3, dtr in center ch of next ch-3] 98 times, [ch 3, **tr tr** *(see Special Stitches)* in center ch of next ch-3] 15 times, [ch 3, **ttr tr** *(see Special Stitches)* in center ch of next ch-3] 3 times.

Edging: Ch 1, 6 sc across side of last ttr tr, sc in ch-1 sp at bottom of last ttr tr, (2 sc, ch 3, 2 sc) in each ch-3 sp around outer edge, join with sl st in ch-1. Fasten off.

STIFFENING & BLOCKING
Optional: For blocking with water, dampen finished piece; arrange and shape on a padded surface. Pin in place with rustproof stainless steel pins; allow to dry completely, then remove pins.

If piece needs more stiffening and shaping, fabric stiffener or starching solution may be used. ❏❏

Peacock's Eye

Design by Liz Field

SKILL LEVEL

INTERMEDIATE

FINISHED SIZE
8 inches in diameter

MATERIALS
- ❑ Crochet cotton size 20:
    200 yds white
- ❑ Size 12/1.00mm steel crochet hook or size needed to obtain gauge

GAUGE
14 sts = 1 inch

SPECIAL STITCH
Picot: Ch 5, sl st in top of last st.

INSTRUCTIONS

DOILY

Rnd 1: Ch 20, sl st in first ch to form ring, ch 1, (sc, ch 1, sc) in first ch, sc in each of next 3 chs, *(sc, ch 1, sc) in next ch, sc in each of next 3 chs, rep from * around, join with sl st in beg sc.

Rnd 2: Ch 1, sc in first st, (sc, ch 1, sc) in next ch sp, *sc in each st across to next ch sp, (sc, ch 1, sc) in next ch sp, rep from * 3 times, sc in each of last 4 sts, join with sl st in beg sc.

Rnd 3: Ch 1, sc in first st, *sk next st, (sl st, ch 7, sl st) in next ch sp, sk next st**, sc in each of next 5 sts, rep from * around, ending last rep at **, sc in each of last 4 sts, **do not join rnds.**

Rnd 4: *Sk next sc, (2 sc, 2 hdc, 3 dc, tr, **picot**—see Special Stitch, tr, 3 dc, 2 hdc, 2 sc) in next ch-7 sp *(eye made)*, sk next sc, sc in each of next 3 sts, rep from * around.

Rnd 5: *Ch 15, sk next eye, sl st in next st, sc in next st, sl st in next st, rep from * around.

Rnd 6: *Work (4 sc, 4 hdc, 4 dc, 3 tr, dtr, picot, dtr, 3 tr, 4 dc, 4 hdc, 4 sc) in next ch-15 sp *(eye made)*, sk next sl st, sl st in next sc, sk next sl st, rep from * around. *(You will now be working short rows to form sections of open mesh between eyes.)*

Row 7: For **first open mesh section**, ch 1, sc in same st as last sl st, ch 2, sk next 2 sts on edge of eye, sl st in **back bar** *(see illustration)* of next st, turn.

Back bar of sc: (Shown from back of sts.)

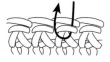

Row 8: Ch 2, dc in next sc, ch 2, sk next 3 sts on edge of eye, sl st in back bar in each of next 2 sts, turn.

Row 9: [Ch 2, sc in next ch sp] twice, ch 2, sk next 2 sts on edge of eye, sl st in back bar in each of next 3 sts, turn.

Rows 10 & 11: [Ch 3, sc in next ch sp] across, ch 3, sk next 2 sts on eye, sl st in back bar in each of next 3 sts, turn.

Row 12: [Ch 4, sc in next ch sp] across, ch 4, sk next 3 sts on eye, sl st in back bar in each of next 3 sts, turn.

Row 13: [Ch 4, sc in next ch sp] across, ch 4, sk next 2 sts on eye, sl st in

back strand of sl st at base of picot at top of eye. Fasten off.

Row 7: For **2nd open mesh section**, join with sc in next sl st between eyes, ch 2, sk next 2 sts on edge of eye, sl st in back bar in each of next 2 sts, turn.

Rows 8–13: Rep rows 8–13 of first open mesh section.

For each **rem open mesh section**, rep rows 7–13 of 2nd open mesh section. At end of last section, **do not fasten off.**

Rnd 14: Working in outer edge of all sections, [ch 5, sc in next ch-4 sp] around, **do not join rnds.**

Rnd 15: [Ch 4, sc in next ch-5 sp] around, ch 2, sl st in 2nd ch of beg ch-4. *(36 ch sps, 35 sc)*

Rnd 16: 3 sc in first ch sp, sc in each st and in each ch-4 sp around to ch-2 sp, 2 sc in ch-2 sp. *(210 sc)*

Rnd 17: Sc in each of next 3 sts, (sc, ch 1, sc) in next st, *sc in each of next 20 sts, (sc, ch 1, sc) in next st, rep from * 8 times, sc in each of last 17 sts.

Rnd 18: Sc in each of next 2 sts,

sk next 2 sts, (sl st, ch 10, sl st) in next ch sp, sk next 2 sts, *sc in each of next 18 sts, sk next 2 sts, (sl st, ch 10, sl st) in next ch sp, sk next 2 sts, rep from * 8 times, sc in each of last 16 sts.

Rnd 19: Sc in next st, *sk next st, work (4 sc, 4 hdc, 5 dc, 2 tr, picot, 2 tr, 5 dc, 4 hdc, 4 sc) in next ch-10 sp, sk next st, *sc in each of next 16 sts, sk next st, work (4 sc, 4 hdc, 5 dc, 2 tr, picot, 2 tr, 5 dc, 4 hdc, 4 sc) in next ch-10 sp, sk next st, rep from * 8 times, sc in each of last 15 sts.

Rnd 20: *Sk next st, ch 20, sk next eye, sk next st, sc in each of next 14 sts, rep from * 9 times.

Rnd 21: *Sk next st, work (5 sc, 5 hdc, 5 dc, 4 tr, 3 dtr, picot, 3 dtr, 4 tr, 5 dc, 5 hdc, 5 sc) in next ch-20 sp, sk next st, sc in each of next 12 sts, rep from * 9 times. Fasten off.

Row 22: For **first open mesh section,** turn piece to WS, working in sp between any 2 eyes, sk first 3 sts on edge of 1 eye, join with sl st in back bar of next st, [ch 4, sk next 2

sts at bottom of sp, sc in next st] 4 times, sl st in back bar in each of next 4 sts on edge of eye, **turn.**

Row 23: Ch 2, sc in next ch sp, [ch 4, sc in next ch sp] 3 times, ch 2, sk next 3 sts on edge of eye, sl st in back bar in each of next 3 sts, turn.

Row 24: Ch 3, sk next ch sp, sc in next ch sp, [ch 4, sc in next ch sp] twice, ch 3, sk next ch sp and next 3 sts on eye, sl st in back bar in each of next 4 sts, turn.

Rows 25–27: Ch 3, sc in next ch sp, [ch 4, sc in next ch sp] across, ch 3, sk next 3 sts on eye, sl st in back bar in each of next 3 sts, turn.

Row 28: Ch 3, sc in next ch sp, [ch 4, sc in next ch sp] 6 times, sk next 3 sts, sl st in next st. Fasten off.

For each rem open mesh section, rep rows 22–28 of first open mesh section.

Rnd 29: Working in outer edge of all sections with RS of piece facing, join with sc in ch sp before any eye, *ch 5, sc in next ch sp, [ch 4, sc in next ch sp] 7 times, rep from * 8 times, ch 5, sc in next ch sp, [ch 4, sc in

next ch sp] 6 times, ch 2, dc in first sc *(joining ch sp made).*

Rnd 30: Ch 1, sc in joining ch sp, [ch 4, sc in next ch sp] around, ch 2, join with dc in first sc.

Rnd 31: Ch 1, 2 sc in joining ch sp, 4 sc in next ch sp, *ch 2, 4 sc in each of next 8 ch sps, rep from * 8 times, ch 2, 4 sc in each of next 6 ch sps, 2 sc in ch-2 sp, join with sl st in beg sc.

Rnd 32: Ch 1, sc in each st around with (sc, ch 3, sc) in each ch-2 sp, join with sl st in beg sc.

Rnd 33: Ch 1, sc in each st around with 5 sc in each ch-3 sp, join with sl st in beg sc. Fasten off.

STIFFENING & BLOCKING

Optional: For blocking with water, dampen finished piece; arrange and shape on a padded surface. Pin in place with rustproof stainless steel pins; allow to dry completely, then remove pins.

If piece needs more stiffening and shaping, fabric stiffener or starching solution may be used. ❏❏

Petite Four

Design by Liz Field

SKILL LEVEL
■■■□
EXPERIENCED

FINISHED SIZE
7 inches square

MATERIALS
❏ Crochet cotton size 10: 90 yds white
❏ Size 7/1.65mm steel crochet hook or size needed to obtain gauge

GAUGE
10 sts = 1 inch

SPECIAL STITCHES
Treble X: Yo 4 times, insert hook in last st worked into on rnd 2, yo, pull lp through, [yo, pull through 2 lps on hook] twice, sk next 3 sts on rnd 2, insert hook in next st, yo, pull lp through, [yo, pull through 2 lps

on hook] 3 times *(2nd tr made)*, [yo, pull through 2 lps on hook] 3 times, *(3rd tr made)*, ch 3, yo twice, insert hook in front lp and left bar at top of 2nd tr, yo, pull lp through, [yo, pull through 2 lps on hook] 3 times.

Triple triple treble crochet (ttr tr), Yo 5 times, insert hook in st, yo, pull lp through, [yo, pull through 2 lps on hook] 6 times.

INSTRUCTIONS
DOILY
Center
Rnd 1: Ch 4, sl st in first ch to form ring, ch 7 *(counts as first tr and ch 3)*, [tr in ring, ch 3] 7 times, join with sl st in 4th ch of beg ch-7. *(8 tr, 8 ch sps)*

Rnd 2: Ch 1, sc in each st and 4 sc in each ch sp around, join with sl st in beg sc. **Do not fasten off.**

First Leaf
Row 1: Ch 9, sl st in 3rd ch from hook, ch 4, tr in 3rd ch of ch-9, turn.

Row 2: Ch 3, sl st in first st, ch 7, sl st in 4th ch from hook, ch 4, sc in ch-4 sp, ch 4, tr in next sl st, turn.

Rows 3–5: Ch 3, sl st in first st, ch 7, sl st in 4th ch from hook, [ch 4, sc in next ch sp] across, ch 4, tr in next sl st, turn.

Rows 6 & 7: Ch 3, sl st in first st, ch 7, sl st in 4th ch from hook, ch 4, sk first ch sp, [sc in next ch sp, ch 4]

across to last ch sp, sk last ch sp, tr in next sl st, turn.

Row 8: Ch 3, sl st in first st, ch 7, sl st in 4th ch from hook, ch 4, sk next ch sp, sc in next ch sp, ch 4, sk next ch sp, tr in next sl st, turn.

Row 9: Ch 3, sl st in first st, ch 7, sl st in 4th ch from hook, sk next 2 ch sps, tr in next sl st. Fasten off.

Last Three Leaves
Row 1: Sk next 9 unworked sts of rnd 2 on Center, join with sl st in next st, ch 9, sl st in 3rd ch from hook, ch 4, tr in 3rd ch of ch-9, turn.

Rows 2–9: Rep rows 2–9 of First Leaf.

Border
Rnd 1: Join with sc in ch-3 sp at tip of any Leaf, ch 47, [sc in tip of next Leaf, ch 47] 3 times, join with sl st in beg sc.

Rnd 2: Ch 1, sc in first st, sc in each ch around with (sc, ch 1, sc) in each sc, sc in same st as first sc, ch 1, join with sl st in beg sc.

Rnd 3: Ch 1, sc in first st, ch 3, sk next 3 sts, tr in next st, ch 7, tr in **front lp and left bar** *(see illustration)* of last tr made, **treble X** *(see Special Stitches)* 11 times, ***ttr tr** *(see Special Stitches)* in last st worked into on rnd 2, ch 6, sl st in 4th ch from hook, sk ch-1, ch 3, ttr tr in next st, treble X 12 times; rep from * twice, ttr tr in last st worked into on rnd 2, ch 6,

sl st in 4th ch from hook, ch 3, ttr tr in same st as first sc, join with sl st in 3rd ch of ch-7.

Front lp & left bar:

Rnd 4: Ch 1, sc in first st, *[3 sc in next ch sp, sk next st, sc in next st] across to next corner ch sp, ch 5, sl st in 3rd ch from hook, [ch 6, sl st in 3rd ch from hook] twice, ch 2**, sk next st, sc in next st; rep from * around, ending last rep at **, join with sl st in beg sc.

Rnd 5: *[Ch 6, sl st in 3rd ch from hook, ch 3, sk next 3 sts, sl st in next st] 12 times, ch 5, sl st in 3rd ch from hook, [ch 6, sl st in 3rd ch from hook] 4 times, ch 2, sk next corner ch sp, sl st in next st; rep from * around. Fasten off.

STIFFENING & BLOCKING
Optional: For blocking with water, dampen finished piece; arrange and shape on a padded surface. Pin in place with rustproof stainless steel pins; allow to dry completely, then remove pins.

If piece needs more stiffening and shaping, fabric stiffener or starching solution may be used. ❏❏

Woven Crescents

Design by Liz Field

SKILL LEVEL

EXPERIENCED

FINISHED SIZE
8 x 8½ inches

MATERIALS
- ❏ Crochet cotton size 20:
  150 yds white
- ❏ Size 12/1.00mm steel crochet
  hook or size needed to
  obtain gauge

GAUGE
14 sts = 1 inch, Motif is 4½ inches
in diameter

INSTRUCTIONS

DOILY

First Motif

Rnd 1: Ch 12, sl st in first ch to form ring, ch 1, 18 sc in ring, join with sl st in beg sc. *(18 sc)*

Rnd 2: Ch 1, sc in first st, [ch 25, sc in next st] around, ch 15, yo 8 times, insert hook in joining sl st of last rnd, yo, pull lp through, [yo, pull through 2 lps on hook] 9 times forming last ch sp. *(18 ch sps)*

Rnd 3: 7 sc in ch sp just made and in each ch sp around, **do not join**. *(126 sc)*

Rnd 4: For **first crescent**, sl st in first st, ch 12, **turn**; sk first 7-sc group, sl st in **back lp** *(see Stitch Guide)* on center st of next 7-sc group, **turn**; work (4 sc, 4 hdc, 9 dc) in ch-12 sp, sk next 2 sts on rnd 3, sl st in back lp in each of next 5 sts; work the following steps to complete rnd:

A. For **2nd crescent**, ch 12, **turn**; working in front of last crescent made, sl st in center st of sk 7-sc group, **turn**; work (4 sc, 4 hdc, 9 dc) in ch-12 sp, sk next 2 sts on rnd 3, sl st in back lp in each of next 5 sts;

B. For **3rd crescent**, ch 12, **turn**; working in front of last crescent made, sl st in front lp of sl st at end of crescent before last, **turn**; work (4 sc, 4 hdc, 9 dc) in ch-12 sp, sk next 2 sts on rnd 3, sl st in back lp in each of next 5 sts;

C. For **next 15 crescents**, rep step B;

D. For **last crescent**, working in front of first crescent, rep 2nd crescent, sl st in each of last 4 sts on rnd 3. Fasten off.

Rnd 5: Join with sc in center st on any crescent, ch 7, sl st in 3rd ch from hook, ch 4, [sc in center st on next crescent, ch 7, sl st in 3rd ch from hook, ch 4] around, join with sl st in beg sc.

Rnd 6: Ch 1, sc in first sc, ch 8, sl st in 3rd ch from hook, ch 5, [sc in next sc, ch 8, sl st in 3rd ch from hook, ch 5] around, join with sl st in beg sc.

Rnd 7: Ch 1, sc in first sc, ch 9, sl st in 3rd ch from hook, ch 6, [sc in next sc, ch 9, sl st in 3rd ch from hook, ch 6] around, join with sl st in beg sc. Fasten off.

Second Motif

Rnds 1–6: Rep rnds 1–6 of First Motif.

Rnd 7: Ch 1, sc in first sc, ch 9, sl st in 3rd ch from hook, ch 6, [sc in next sc, ch 6, sl st in next corresponding ch-2 sp on First Motif, ch 6] 3 times, [sc in next sc, ch 9, sl st in 3rd ch from hook, ch 6] around, join. Fasten off.

Third Motif

Rnds 1–6: Rep rnds 1–6 of First Motif.

Rnd 7: Ch 1, sc in first sc, ch 9, sl st in 3rd ch from hook, ch 6, [sc in next sc, ch 6, sl st in next corresponding ch-2 sp on 2nd Motif *(see illustration)*, ch 6] 3 times, [sc in next sc, ch 6, sl st in next corresponding ch-2 sp on First Motif, ch 6] 3 times, [sc in next sc, ch 9, sl st in 3rd ch from hook, ch 6] around, join with sl st in beg sc. Fasten off.

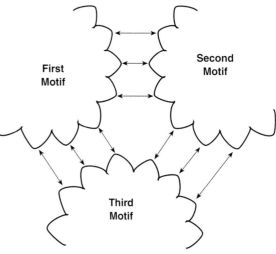

shape on a padded surface. Pin in place with rustproof stainless steel pins; allow to dry completely, then remove pins.

If piece needs more stiffening and shaping, fabric stiffener or starching solution may be used. ❏❏

Spiderweb

Design by Dianne Driver

SKILL LEVEL

EASY

FINISHED SIZE
14 inches in diameter

MATERIALS
- ❏ Crochet cotton size 10: 200 yds light yellow variegated
- ❏ Size 7/1.65mm steel crochet hook or size needed to obtain gauge

GAUGE
Rnds 1–4 = 3 inches in diameter

INSTRUCTIONS
DOILY
Rnd 1: Ch 6, sl st in first ch to form ring, ch 1, 8 sc in ring, join with sl st in beg sc. *(8 sc)*

Rnd 2: Ch 1, 2 sc in first st and in each st around, join with sl st in beg sc. *(16 sc)*

Rnd 3: Ch 1, sc in first st, [ch 15, sc in next st] 15 times, ch 6, yo 4 times, insert hook in beg sc, yo, pull up lp, [yo, pull through 2 lps on hook] 5 times forming last ch sp. *(16 ch sps)*

Rnd 4: Ch 3 *(counts as first dc)*, 2 dc in same ch sp as beg ch-3, ch 3, [3 dc in next ch-15 sp, ch 3] around, join with sl st in 3rd ch of beg ch-3.

Rnd 5: (Sl st, ch 1, sc) in next dc, ch 4, sc in next ch-3 sp, [ch 4, sc in center dc of next dc group, ch 4, sc in next ch-3 sp] around, join with ch 1, dc in beg sc forming last ch sp. *(32 ch-4 sps)*

Rnd 6: Ch 1, sc in ch sp just made, [ch 4, sc in next ch sp] around, join with ch 1, dc in beg sc forming last ch sp.

Rnd 7: Ch 5 *(counts as first dc and ch 2)*, dc in same ch sp, ch 3, sc in next ch sp, ch 3, [(dc, ch 2, dc) in

next ch sp, ch 3, sc in next ch sp, ch 3] around, join with sl st in 3rd ch of beg ch-5.

Rnd 8: Ch 6 *(counts as first dc and ch 3)*, dc in next dc, ch 7, [dc in next dc, ch 3, dc in next dc, ch 7] around, join with sl st in 3rd ch of beg ch-6.

Rnd 9: Ch 7 *(counts as first dc and ch-4)*, dc in next dc, ch 7, [dc in next dc, ch 4, dc in next dc, ch 7] around, join with sl st in 3rd ch of beg ch-7.

Rnd 10: Ch 5 *(counts as first dc and ch 2)*, (dc, ch 2) twice in next ch-4 sp, dc in next dc, ch 4, insert hook under ch-7 sps of 2 previous rnds, pull up lp, complete as sc around ch-7 sps, ch 4, *dc in next dc, ch 2, (dc, ch 2) twice in next ch-4 sp, dc in next dc, ch 4, insert hook under ch-7 sps of 2 previous rnds, pull up lp, complete as sc around ch-7 sps,

ch 4, rep from * around, join with sl st in 3rd ch of beg ch-5.

Rnds 11 & 12: Ch 6 *(counts as first dc and ch 3)*, dc in next dc, [ch 3, dc in next dc] twice, ch 7, *[dc in next dc, ch 3] 3 times, dc in next dc, ch 7, rep from * around, join with sl st in 3rd ch of beg ch-6.

Rnd 13: Ch 7 *(counts as first dc and ch 4)*, dc in next dc, [ch 4, dc in next dc] twice, ch 4, insert hook under ch-7 sps of 2 previous rnds, pull up lp, complete as sc around ch-7 sps, ch 4, *[dc in next dc, ch 4] 3 times, dc in next dc, ch 4, insert hook under ch-7 sps of 2 previous rnds, pull up lp, complete sc around ch-7 sps, ch 4, rep from * around, join with sl st in 3rd ch of beg ch-7.

Rnds 14 & 15: Ch 7 *(counts as first dc and ch 4)*, dc in next dc, [ch 4, dc in next dc] twice, ch 7, *[dc in next dc, ch 4] 3 times, dc in next dc, ch

7, rep from * around, join with sl st in 3rd ch of beg ch-7.

Rnd 16: Ch 7 *(counts as first dc and ch 4)*, dc in next dc, [ch 4, dc in next dc] twice, ch 4, insert hook under ch-7 sps of 2 previous rnds, pull up lp, complete as sc around ch-7 sps, ch 4, *[dc in next dc, ch 4] 3 times, dc in next dc, ch 4, insert hook under ch-7 sps of 2 previous rnds, pull up lp, complete sc around ch-7 sps, ch 4, rep from * around, join with sl st in 3rd ch of beg ch-7.

Rnd 17: Sl st to next dc, sl st into next ch sp, ch 4 *(counts as first tr)*, 7 tr in same ch sp, ch 5, sk next ch sp, sc in next dc, ch 5, sc in next sc, ch 5, sc in next dc, ch 5, sk next ch sp, [8 tr in next ch sp, ch 5, sk next ch sp, sc in next dc, ch 5, sc in next sc, ch 5, sc in next dc, ch 5, sk next ch sp] around, join with sl st in 4th ch of beg ch-4.

Rnd 18: Ch 4 *(first tr)*, tr in next tr, [ch 3, tr in each of next 2 tr] 3 times, ch 5, sk next ch sp, **dc dec** *(see Stitch Guide)* in next 2 ch sps, ch 5, *tr in each of next 2 tr, [ch 3, tr in each of next 2 tr] 3 times, ch 5, sk next ch sp, dc dec in next 2 ch sps, ch 5, rep from * around, join with sl st in 4th ch of beg ch-4.

Rnd 19: Sl st across to next ch-3 sp, ch 1, sc in same ch sp, ch 5, (dc, ch 5, dc) in next ch sp, ch 5, sc in next ch sp, ch 7, sc in top of dc dec, ch 7, sk next ch-5 sp, [sc in next ch sp, ch 5, (dc, ch 5, dc) in next ch sp, ch 5, sc in next ch sp, ch 7, sc n top of dc dec, ch 7, sk next ch-5 sp] around, join with sl st in beg sc.

Rnd 20: Sl st across to next ch sp, ch 1, sc in same ch sp, *(ch 5, sl st in 3rd ch from hook, ch 2, dc) in next ch sp, (ch 5, sl st in 3rd ch from hook, ch 2, dc) in same ch sp, (ch 5, sl st in 3rd ch from hook, ch 2, sc) in each of next 4 ch sps, rep from * around, join with sl st in beg sc. Fasten off.

STIFFENING & BLOCKING

Optional: For blocking with water, dampen finished piece; arrange and shape on a padded surface. Pin in place with rustproof stainless steel pins; allow to dry completely, then remove pins.

If piece needs more stiffening and shaping, fabric stiffener or starching solution may be used. ❏❏

Alaskan Diamonds

Design by Alaine Tate-Gilpin

SKILL LEVEL

EASY

FINISHED SIZE
9½ inches in diameter

MATERIALS
- ❏ Crochet cotton size 10:
  150 yds orchid pink
- ❏ Size 6/1.80mm steel crochet hook or size needed to obtain gauge

GAUGE
9 dc = 1 inch, 3 shell rnds = 1 inch

SPECIAL STITCHES
Treble decrease (tr dec): *Yo twice, insert hook in next ch-4 sp, yo, pull lp through, [yo, pull through 2 lps on hook] twice, rep from * twice, yo, pull through all lps on hook.

Shell: (2 dc, ch 2, 2 dc) in indicated ch sp.

INSTRUCTIONS
DOILY
Rnd 1: Ch 5, sl st in first ch to form ring, ch 4 *(counts as first dc and ch 1)*,

[dc in ring, ch 1] 7 times, join with sl st in 3rd ch of beg ch-4.

Rnd 2: Ch 3 *(counts as first dc)*, 2 dc in same st, ch 1, [3 dc in next dc, ch 1] around, join with sl st in 3rd ch of beg ch-3.

Rnd 3: Ch 3, dc in same st, dc in next dc, 2 dc in next dc, ch 1, [2 dc in next dc, dc in next dc, 2 dc in next dc, ch 1] around, join with sl st in 3rd ch of beg ch-3.

Rnd 4: Ch 3, dc in same st, dc in each of next 3 dc, 2 dc in next dc, ch 1, [2 dc in next dc, dc in each of next 3 dc, 2 dc in next dc, ch 1] around, join with sl st in 3rd ch of beg ch-3.

Rnd 5: Ch 3, dc in same st, dc in each of next 2 dc, ch 1, sk next dc, dc in each of next 2 dc, 2 dc in next dc, ch 1, [2 dc in next dc, dc in each of next 2 dc, ch 1, sk next dc, dc in each of next 2 dc, 2 dc in next dc, ch 1] around, join with sl st in 3rd ch of beg ch-3.

Rnd 6: Ch 3, dc in same st, dc in each of next 2 dc, ch 1, dc in next ch-1 sp, ch 1, sk next dc, dc in each of next 2 dc, 2 dc in next dc, ch 1, [2 dc in next dc, dc in each of next 2 dc, ch 1, dc in next ch-1 sp, ch 1, sk next dc, dc in each of next 2 dc, 2 dc in next dc, ch 1] around, join with sl st in 3rd ch of beg ch-3.

Rnd 7: Ch 3, dc in same st, dc in each of next 2 dc, [ch 1, dc in next ch-1 sp] twice, ch 1, sk next dc, dc in each of next 2 dc, 2 dc in next ch, ch 1, *2 dc in next dc, dc in each of next 2 dc, [ch 1, dc in next ch-1 sp] twice, ch 1, sk next dc, dc in each of next 2 dc, 2 dc in next dc, ch 1, rep from * around, join with sl st in 3rd ch of beg ch-3.

Rnd 8: Ch 3, dc in same st, dc in each of next 2 dc, [ch 1, dc in next ch-1 sp] 3 times, ch 1, sk next dc, dc in each of next 2 dc, 2 dc in next dc, ch 1, *2 dc in next dc, dc in each of next 2 dc, [ch 1, dc in next ch-1 sp] 3 times, ch 1, sk next dc, dc in each of next 2 dc, 2 dc in next dc, ch 1, rep from * around, join with sl st in 3rd ch of beg ch-3.

Rnd 9: Ch 2, dc in each of next 3 dc, [dc in next ch-1 sp, ch 1] 3 times, dc in next ch-1 sp, dc in each of next 2 dc, **dc dec** *(see Stitch Guide)* in next 2 dc, ch 4, sc in next ch-1 sp, ch 4, *dc dec in next 2 dc, dc in each of next 2 sts, [dc in next ch-1 sp, ch 1] 3 times, dc in next ch-1 sp, dc in each of next 2 dc, dc dec in next 2 dc, ch 4, sc in next ch-1 sp, ch 4, rep from * around, sk beg ch-2, join with sl st in top of beg dc.

Rnd 10: Ch 2, dc in each of next 3 dc, [dc in next ch-1 st, ch 1] twice, dc in next ch-1 sp, dc in each of next 2 dc, dc dec in next 2 dc, [ch 4, sc in next ch-4 sp] twice, ch 4, *dc dec in next 2 dc, dc in each of next 2 dc, [dc in next ch-1 sp, ch 1] twice, dc in next ch-1 sp, dc in each of next 2 dc, dc dec in next 2 dc, [ch 4, sc in next ch-4 sp] twice, ch 4, rep from * around, sk beg ch-2, join with sl st in top of beg dc.

Rnd 11: Ch 2, dc in each of next 3 dc, dc in next ch-1 sp, ch 1, dc in next ch-1 sp, dc in each of next 2 dc, dc dec in next 2 dc, ch 4, sc in next ch-4 sp, ch 2, **shell** *(see Special Stitches)* in next ch sp, ch 2, sc in next ch-4 sp, ch 4, *dc dec in next 2 dc, dc in each of next 2 dc, dc in next ch-1 sp, ch 1, dc in next ch-1 sp, dc in each of next 2 dc, dc dec in next 2 dc, ch 4, sc in next ch-4 sp, ch 2, shell in next ch sp, ch 2, sc in next ch-4 sp, ch 4, rep from * around, sk beg ch-2, join with sl st in top of beg dc.

Rnd 12: Ch 2, dc in each of next 3 dc, dc in next ch-1 sp, dc in each of next 2 dc, dc dec in next 2 dc, ch 4, sc in next ch-4 sp, ch 4, shell in ch sp of next shell, ch 4, sc in next ch-4 sp, ch 4, [dc dec in next 2 dc, dc in each of next 2 dc, dc in next ch-1 sp, dc in each of next 2 dc, dc dec in next 2 dc, ch 4, sc in next ch-4 sp, ch 4, shell in ch sp of next shell, ch 4, sc in next ch-4 sp, ch 4] around, sk beg ch-2, join with sl st in top of beg dc.

Rnd 13: Ch 2, dc in each of next 4 dc, dc dec in next 2 dc, ch 4, sc in next ch-4 sp, ch 4, shell in next ch-4 sp,

ch 1, shell in shell, ch 1, shell in next ch-4 sp, ch 4, sc in next ch-4 sp, ch 4, [dc dec in next 2 dc, dc in each of next 3 dc, dc dec in next 2 dc, ch 4, sc in next ch-4 sp, ch 4, shell in next ch-4 sp, ch 1, shell in shell, ch 1, shell in next ch-4 sp, ch 4, sc in next ch-4 sp, ch 4] around, sk beg ch-2, join with sl st in top of beg dc.

Rnd 14: Ch 2, dc in each of next 2 dc, dc dec in next 2 dc, [ch 4, sc in next ch-4 sp] twice, ch 4, [shell in shell, ch 2] twice, shell in shell, [ch 4, sc in next ch-4 sp] twice, ch 4, *dc dec in next 2 dc, dc in next dc, dc dec in next 2 dc, [ch 4, sc in next ch-4 sp] twice, ch 4, [shell in shell, ch 2] twice, shell in shell, [ch 4, sc in next ch-4 sp] twice, ch 4, rep from * around, sk beg ch-2, join with sl st in beg dc.

Rnd 15: Ch 2, dc dec in next 2 dc, ch 5, **tr dec**—*see Special Stitches*, ch 4, sl st in top of tr dec just made, ch 4, (2 dc, ch 4, sl st in 3rd ch from hook, ch 1, 2 dc) in ch-2 sp of next shell, ({2 dc, ch 4, sl st in 3rd ch from hook, ch 1} twice, 2 dc) in ch sp of next shell, (2 dc, ch 4, sl st in 3rd ch from hook, ch 1, 2 dc) in ch sp of next shell, ch 4, tr dec, ch 4, sl st in top of tr dec just made, ch 5,*dc dec in next 3 dc, ch 5, tr dec, ch 4, sl st in top of tr dec just made, ch 4, (2 dc, ch 4, sl st in 3rd ch from hook, ch 1, 2 dc) in ch-2 sp of next shell, ({2 dc, ch 4, sl st in 3rd ch from hook, ch 1} twice, 2 dc) in ch sp of next shell, (2 dc, ch 4, sl st in 3rd ch from hook, ch 1, 2 dc) in ch sp of next shell, ch 4, tr dec, ch 4, sl st in top of tr dec just made, ch 5, rep from * around, sk beg ch-2, join with sl st in top of beg dc dec. Fasten off.

STIFFENING & BLOCKING

Optional: For blocking with water, dampen finished piece; arrange and shape on a padded surface. Pin in place with rustproof stainless steel pins; allow to dry completely, then remove pins.

If piece needs more stiffening and shaping, fabric stiffener or starching solution may be used. ❏❏

Flower Bloom

Design by Agnes Russell

FINISHED SIZE
18 inches in diameter

MATERIALS
- ❏ Crochet cotton size 10:
  150 yds each white, garland ombre and spruce
- ❏ Size 7/1.65mm steel crochet hook or size needed to obtain gauge

GAUGE
Rnds 1–3 = 3 inches in diameter

SPECIAL STITCHES
Beginning cluster (beg cl): Ch 4, *yo twice, insert hook in indicated ch sp, yo, pull up lp, [yo, pull lp through 2 lps on hook] twice, rep from * twice, yo, pull through all lps on hook.

Cluster (cl): *Yo twice, insert hook in indicated ch sp, yo, pull up lp, [yo, pull though 2 lps on hook] twice, rep from * 3 times, yo, pull through all lps on hook.

INSTRUCTIONS
DOILY

Rnd 1: With garland ombre, ch 8, sl st in first ch to form ring, **beg cl** (see Special Stitches) in ring, ch 4, [**cl** (see Special Stitches) in ring, ch 5] 7 times, join with sl st in top of beg cl. Fasten off.

Rnd 2: Join spruce with sl st in any ch sp, ch 1, (3 sc, ch 3, 3 sc) in same ch sp and in each ch sp around, join with sl st in beg sc.

Rnd 3: Sl st in next ch-3 sp, beg cl, ch 5, cl in same ch sp, ch 5, [(cl, ch 5, cl) in next ch-3 sp, ch 5] around, join with sl st in top of beg cl. Fasten off.

Rnd 4: Join white with sc in any ch sp, sc in same ch sp, ch 5, [2 sc in next ch sp, ch 5] around, join with sl st in beg sc. *(16 ch-5 sps)*

Rnd 5: Sl st in next ch-5 sp, ch 1, (2 sc, ch 5, 2 sc) in same ch sp, [ch 5, (2 sc, ch 5, 2 sc) in next ch sp] around, join with ch 2, tr in beg sc forming last ch sp. *(32 ch sps)*

Rnds 6 & 7: Ch 1, 2 sc in ch sp just made, [ch 5, 2 sc in next ch sp] around, join with ch 2, tr in beg sc forming last ch sp.

Rnds 8 & 9: Ch 1, 2 sc in ch sp just made, [ch 6, 2 sc in next ch sp] around, join with ch 3, tr in beg sc forming last ch sp.

Rnd 10: Ch 1, 2 sc in ch sp just made, [ch 7, 2 sc in next ch sp] around, join with ch 3, dtr in beg sc forming last ch sp.

Rnd 11: Ch 1, 2 sc in ch sp just made, ch 7, [2 sc in next ch sp, ch 7] around, join with sl st in beg sc. Fasten off.

Rnd 12: Join spruce with sl st in any ch sp, ch 1, (5 sc, ch 3, 5 sc) in same ch sp and in each ch sp around, join with sl st in beg sc. Fasten off.

Rnd 13: Join garland ombre with sl st in any ch sp, (beg cl, ch 4, cl, ch 4, cl) in same ch sp, **fasten off,** [sk next 3 ch sps, join garland ombre in next ch sp, (beg cl, ch 4, cl, ch 4, cl) in same ch sp, **fasten off**] around. *(8 groups of cls)*

Rnd 14: Join spruce with sl st in first ch-4 sp between cls, ch 1, 5 sc in same ch sp, *ch 3, 5 sc in next ch-4 sp, [ch 7, sc in next ch-3 sp] 3 times, ch 7**, 5 sc in next ch-4 sp, rep from * around, ending last rep at **, join with sl st in beg sc.

Rnd 15: *Ch 5, sk next 5 sc, (3 sc, ch 3, 3 sc) in next ch-3 sp, ch 5, sk next 5 sc, (5 sc, ch 3, 5 sc) in each of next 4 ch-7 sps, rep from * around, join with sl st in base of beg ch-5. Fasten off.

Rnd 16: Join white with sl st in ch-3 sp at center top of cl group, ch 1, *2 sc in next ch-3 sp, ch 6, 2 sc in next ch-5 sp, [ch 6, 2 sc in next ch-3 sp] 4 times, ch 6, 2 sc in next ch-5 sp, ch 6, rep from * around, join with ch 3, tr in beg sc. *(56 ch-6 sps)*

Rnd 17: Ch 1, 2 sc in ch sp just made, [ch 7, 2 sc in next ch sp] around, join with ch 4, tr in beg sc.

Rnd 18: Ch 1, 2 sc in ch sp just made,

[ch 8, 2 sc in next ch sp] around, join with ch 4, dtr in beg sc.

Rnds 19 & 20: Ch 1, 2 sc in ch sp just made, [ch 9, 2 sc in next ch sp] around, join with ch 5, dtr in beg sc.

Rnd 21: Ch 1, 2 sc in ch sp just made, ch 10, [sc in next ch sp, ch 10] around, join with sl st in beg sc. Fasten off.

Rnd 22: Join spruce with sl st in any ch sp, ch 1, (7 sc, ch 3, 7 sc) in same ch sp and in each ch sp around, join with sl st in beg sc.

Rnd 23: Join garland ombre with sl st in any ch sp, (beg cl, ch 4, cl, ch 4, cl) in same ch sp, **fasten off,** [sk next 3 ch sps, join garland ombre in next ch sp, (beg cl, ch 4, cl, ch 4, cl) in same ch sp, **fasten off**] around. *(14 groups of cls)*

Rnd 24: Join spruce with sl st in first ch-4 sp of any 3 cl group, ch 1, 5 sc in same ch-4 sp, *ch 2, 5 sc in next ch-4 sp, [ch 10, sc in next ch-3 sp] 3 times, ch 10**, 5 sc in next ch-4 sp, rep from * around, ending last rep at **, join with sl st in beg sc.

Rnd 25: Sl st in first ch-2 sp, (ch 1, {sc, ch 3} 3 times, sc) in same ch-2 sp, *ch 3, sk next 5 sc, (8 sc, ch 3, 8 sc) in each of next 4 ch-10 sps, ch 3**, ({sc, ch 3} 3 times, sc) in next ch-2 sp, rep from * around, ending last rep at **, join with sl st in beg sc. Fasten off.

STIFFENING & BLOCKING

Optional: For blocking with water, dampen finished piece; arrange and shape on a padded surface. Pin in place with rustproof stainless steel pins; allow to dry completely, then remove pins.

If piece needs more stiffening and shaping, fabric stiffener or starching solution may be used. ❑❑

Pinwheel

Design by Agnes Russell

FINISHED SIZE
17½ inches in diameter

MATERIALS
❑ Crochet cotton size 10:
   275 yds dusty rose
❑ Size 7/1.65mm steel crochet hook or size needed to obtain gauge

GAUGE
8 dc = 1 inch, 3 dc rnds = 1 inch

PATTERN NOTE
Crocheted right-handed the spiral will be clockwise, left-handed the spiral will be counterclockwise.

INSTRUCTIONS
DOILY
Rnd 1 (RS): Ch 7, sl st in first ch to form ring, ch 5 *(counts as first dc and ch 2)*, [dc in ring, ch 2] 8 times, join with sl st in 3rd ch of beg ch-5. *(9 dc)*

Rnd 2: Ch 3 *(counts as first dc)*, dc in same st, ch 3, [2 dc in next dc, ch 3] around, join with sl st in 3rd ch of beg ch-3. *(18 dc)*

Rnd 3: Sl st in first ch sp, ch 1, sc in same ch sp, ch 7, [sc in next ch sp, ch 7] around, join with sl st in beg sc.

Rnd 4: Sl st in first ch sp, ch 3, 4 dc

in same ch sp, ch 3, [5 dc in next ch sp, ch 3] around, join with sl st in 3rd ch of beg ch-3.

Rnd 5: Ch 3, dc in each of next 2 dc, ch 3, sk next 2 dc, 4 dc in next ch sp, [dc in each of next 3 dc, ch 3, sk next 2 dc, 4 dc in next ch sp] around, join with sl st in 3rd ch of beg ch-3.

Rnd 6: Ch 6 *(counts as first dc and ch 3)*, [4 dc in next ch sp, dc in each of next 5 dc, ch 3, sk next 2 dc] around,

ending with 4 dc in next ch sp, dc in each of next 4 dc, join with sl st in 3rd ch of beg ch-6.

Rnd 7: Sl st in next ch sp, ch 3, 3 dc in same ch sp, dc in each of next 7 dc, ch 3, sk next 2 dc, [4 dc in next ch sp, dc in each of next 7 dc, ch 3, sk next 2 dc] around, join with sl st in 3rd ch of beg ch-3.

Rnd 8: Ch 3, dc in each of next 8 dc, ch 3, sk next 2 dc, 4 dc in next ch sp, [dc in each of next 9 dc, ch

3, sk next 2 dc, 4 dc in next ch sp] around, join with sl st in 3rd ch of beg ch-3.

Rnd 9: Ch 3, dc in each of next 6 dc, [ch 3, sk next 2 dc, 4 dc in next ch sp, dc in each of next 11 dc] around, ending with ch 3, sk next 2 dc, 4 dc in next ch sp, dc in each of last 4 dc, join with sl st in 3rd ch of beg ch-3.

Rnd 10: Ch 3, dc in each of next 4 dc, [ch 3, dc in next ch sp, ch 3, dc in each of next 13 dc] around, ending with ch 3, dc in next ch sp, ch 3, dc in each of last 8 dc, join with sl st in beg ch-3. Fasten off.

Rnd 11: Join with sl st in first dc of any 13-dc group, ch 3, dc in each of next 10 dc, ch 4, sc in next ch sp, sc in next dc, sc in next ch sp, ch 4, [dc in each of next 11 dc, ch 4, sc in next ch sp, sc in next dc, sc in next ch sp, ch 4] around, join with sl st in 3rd ch of beg ch-3.

Rnd 12: Ch 3, dc in each of next 8 dc, ch 6, dc in each of next 3 sc, ch 6, [dc in each of next 9 dc, ch 6, dc in each of next 3 sc, ch 6] around, join with sl st in 3rd ch of beg ch-3.

Rnd 13: Ch 3, dc in each of next 6 dc, ch 5, dc in next ch sp, ch 5, sc in center dc of 3-dc group, ch 5, dc in next ch sp, ch 5, [dc in each of next 7 dc, ch 5, dc in next ch sp, ch 5, sc in center dc of 3-dc group, ch 5, dc in next ch sp, ch 5] around, join with sl st in 3rd ch of beg ch-3.

Rnd 14: Ch 3, dc in each of next 4 dc, ch 5, sc in next ch sp, sc in next dc, sc in next ch sp, ch 6, sc in next ch sp, sc in next dc, sc in next ch sp, ch 5, [dc in each of next 5 dc, ch 5, sc in next ch sp, sc in next dc, sc in next ch sp, ch 6, sc in next ch sp, sc in next dc, sc in next ch sp, ch 5] around, join with sl st in 3rd ch of beg ch-3.

Rnd 15: Ch 3, dc in each of next 2 dc, ch 6, dc in each of next 3 sc, ch 5, sc in next ch sp, ch 5, dc in each of next 3 sc, ch 6, [dc in each of next 3 dc, ch 6, dc in each of next 3 sc, ch 5, sc in next ch sp, ch 5, dc in each of next 3 sc, ch 6] around, join with sl st in 3rd ch of beg ch-3.

Rnd 16: Ch 3, dc in next dc, ch 5, dc in next ch sp, ch 5, sk next dc, sc in next dc, ch 5, [sc in next ch sp, ch 5] twice, sk next dc, sc in next dc, ch 5, dc in next ch sp *ch 5, **dc dec** *(see Stitch Guide)* in next 2 dc, ch 5, dc in next ch sp, ch 5, sk next dc, sc in next dc, ch 5, [sc in next ch sp, ch 5] twice, sk next dc, sc in next dc, ch 5, dc in next ch sp, rep from * around, join with ch 2, dc in 3rd ch of beg ch-3 forming ch sp.

Rnds 17–19: Ch 1, sc in ch sp just made, [ch 6, sc in next ch sp] around, join with ch 3, dc in beg sc forming last ch sp.

Rnd 20: Ch 1, sc in ch sp just made, ch 6, [sc in next ch sp, ch 6] around, join with sl st in 3rd ch of beg sc.

Rnd 21: Sl st in first ch sp, ch 3, 2 dc in same ch sp, ch 3, [3 dc in next ch sp, ch 3] around, join with sl st in 3rd ch of beg ch-3.

Rnd 22: Ch 1, sc in first st, sc in each of next 2 dc, ch 4, [sc in each of next 3 dc, ch 4] around, join with sl st in beg sc.

Rnd 23: Sl st in next sc *(center sc of 3-sc group)*, ch 1, sc in same sc, ch 3, 3 dc in next ch sp, ch 3, sk next sc, [sc in next sc, ch 3, 3 dc in next ch sp, ch 3, sk next sc] around, join with sl st in beg sc.

Rnd 24: Sl st across ch-3 sp and in first dc of 3-dc group, ch 1, sc in same dc, sc in each of next 2 dc, ch 6, [sc in each of next 3 dc, ch 6] around, join with sl st in beg sc.

Rnd 25: Sl st in center sc of 3-sc group, ch 1, sc in same st, (5 dc, ch 3, 5 dc) in next ch sp, [sc in center sc of next 3-sc group, (5 dc, ch 3, 5 dc) in next ch sp] around, join with sl st in beg sc. Fasten off.

STIFFENING & BLOCKING

Optional: For blocking with water, dampen finished piece; arrange and shape on a padded surface. Pin in place with rustproof stainless steel pins; allow to dry completely, then remove pins.

If piece needs more stiffening and shaping, fabric stiffener or starching solution may be used. ❏❏

Ribbons

Design by Agnes Russell

SKILL LEVEL

EASY

FINISHED SIZE

10 inches in diameter

MATERIALS

❑ Crochet cotton size 10:
  100 yds pastels ombre
❑ Size 7/1.65mm steel crochet hook or size needed to obtain gauge
❑ 1 yd ³⁄₁₆-inch-wide satin ribbon
❑ Starch

GAUGE

3 shell rnds = 1 inch

SPECIAL STITCHES

Beginning shell (beg shell): Sl st in next ch sp or ch-3 sp of shell, ch 3 *(counts as first dc)*, (dc, ch 3, 2 dc) in same ch sp.

Shell: (2 dc, ch 3, 2 dc) in next ch-sp or ch sp of next shell.

INSTRUCTIONS

DOILY

Rnd 1: Ch 5, sl st in first ch to form ring, ch 1, 12 sc in ring, join with sl st in beg sc. *(12 sc)*

Rnd 2: Ch 1, sc in first sc, ch 3, [sc in next sc, ch 3] around, join with sl st in beg sc. *(12 ch-3 sps)*

Rnd 3: Sl st in ch-3 sp, ch 1, sc in same ch sp, ch 3, [sc in next ch sp, ch 3] around, join with sl st in beg sc.

Rnd 4: Beg shell *(see Special Stitches)*, ch 1, dc in next ch sp, ch 1, [**shell** *(see Special Stitches)* in next ch-3 sp, ch 1, dc in next ch sp] around, join with sl st in 3rd ch of beg ch-3. *(6 shells)*

Rnd 5: Beg shell, ch 3, sc in next dc between shells, ch 3, [shell in next shell, ch 3, sc in next dc between shells, ch 3] around, join with sl st in 3rd ch of beg ch-3.

Rnd 6: Beg shell, ch 3, sc in next ch sp, ch 4, sc in next ch sp, ch 3, [shell in next shell, ch 3, sc in next ch sp,

ch 4, sc in next ch sp, ch 3] around, join with sl st in beg ch-3.

Rnd 7: Beg shell, ch 3, sc in next ch-3 sp, 6 dc in next ch-4 sp, sc in next ch-3 sp, ch 3, [shell in shell, ch 3, sc in next ch-3 sp, 6 dc in next ch-4 sp, sc in next ch-3 sp, ch 3] around, join with sl st in 3rd ch of beg ch-3.

Rnd 8: Beg shell, ch 3, sc in next ch-3 sp, dc in next dc, [ch 1, dc in next dc] 5 times, sc in next ch-3 sp, ch 3, *shell in shell, ch 3, sc in next ch-3 sp, dc in next dc, [ch 1, dc in next dc] 5 times, sc in next ch-3 sp, ch 3, rep from * around, join with sl st in 3rd ch of beg ch-3.

Rnd 9: Beg shell, ch 3, sc in next ch-3 sp, dc in next dc, [ch 2, dc in next dc] 5 times, sc in next ch-3 sp, ch 3, *shell in next shell, ch 3, sc in next ch-3 sp, dc in next dc, [ch 2, dc in next dc] 5 times, sc in next ch-3 sp, ch 3, rep from * around, join with sl st in beg ch-3.

Rnds 10 & 11: Beg shell, ch 3, sc in next ch-3 sp, dc in next dc, [ch 3, dc in next dc] 5 times, sc in next ch-3 sp, ch 3, *shell in shell, ch 3, sc in next ch-3 sp, dc in next dc, [ch

3, dc in next dc] 5 times, sc in next ch-3 sp, ch 3, rep from * around, join with sl st in beg ch-3.

Rnds 12 & 13: Beg shell, ch 3, sc in next ch-3 sp, dc in next dc, [ch 4, dc in next dc] 5 times, sc in next ch-3 sp, ch 3, *shell in shell, ch 3, sc in next ch-3 sp, dc in next dc, [ch 4, dc in next dc] 5 times, sc in next ch-3 sp, ch 3, rep from * around, join with sl st in beg ch-3.

Rnd 14: Beg shell, ch 3, sc in next ch-3 sp, dc in next dc, [ch 5, dc in next dc] 5 times, sc in next ch-3 sp, ch 3, *shell in shell, ch 3, sc in next ch-3 sp, dc in next dc, [ch 5, dc in next dc] 5 times, sc in next ch-3 sp, ch 3, rep from * around, join with sl st in beg ch-3.

Rnd 15: Sl st across to ch-3 sp of first shell, (ch 3, 4 dc, ch 3, 5 dc) in same shell, sc in next ch-3 sp, [(5 dc, ch 3, 5 dc) in next ch-5 sp, sc in next ch-5 sp] twice, (5 dc, ch 3, 5 dc) in next ch-5 sp, sc in next ch-3 sp, *(5 dc, ch 3, 5 dc) in next ch-3 sp of shell, sc in next ch-3 sp, [(5 dc, ch 3, 5 dc) in next ch-5 sp, sc in next ch-5 sp] twice, (5 dc, ch 3, 5 dc) in next ch-5 sp, sc in next ch-3 sp, rep from * around, join with sl st in 3rd ch of beg ch-3.

Rnd 16: Sl st across to ch-3 sp, ch 1, sc in same ch-3 sp, *(ch 3, sc) 4 times same ch-3 sp, ch 5, sc in next sc, ch 5**, sc in next ch-3 sp, rep from * around, ending last rep at **, join with sl st in beg sc. Fasten off.

Ribbon Weave

Lightly starch and press doily.
Cut ribbon into 3 equal lengths. Insert end of 1 length of ribbon from WS through ch sp between sts of shell on rnd 15; working toward center of Doily, continue weaving over and under shell ch sps, ending with ribbon on RS through the ch-3 sp of rnd 3; insert ribbon through ch-3 sp of rnd 2, straight across to opposite edge of ch-3 sp of rnd 2, pull ribbon to RS through ch-3 sp of rnd 2, insert through ch-3 sp of rnd 3 to WS, then continue to weave through ch sps of shell, ending weaving on WS of rnd 15. If ribbon is twisted, straighten. Rep with rem 2 lengths of ribbon.

Press Doily lightly. With WS of Doily facing, weave ribbon ends back into Doily though shell ch sps on back side. Tack ribbon ends to secure or leave unsewn so ribbon colors can easily be changed. Change colors, use a variety of colors or use no ribbon at all as your whim or decor indicates.

Spray Doily with starch, press, place on a flat surface and allow to dry completely. ❏❏

Peaches & Cream Pineapples

Design by Agnes Russell

SKILL LEVEL
INTERMEDIATE

FINISHED SIZE
14 inches in diameter

MATERIALS
❏ Crochet cotton size 10:
225 yds cream
75 yds peach
❏ Size 7/1.65mm steel crochet hook or size needed to obtain gauge

GAUGE
3 shell rnds = 1 inch

PATTERN NOTES
When a round indicates to begin with shell, simply work a beginning shell in first chain space.

Round 1 establishes right side of Doily.
Do not turn unless otherwise indicated.

SPECIAL STITCHES
Shell: (2 dc, ch 3, 2 dc) in place indicated.

Beginning shell (beg shell): Sl st in ch sp, ch 3 *(counts as first dc)*, (dc, ch 3, 2 dc) in same ch sp.

Beginning popcorn (beg pc): Ch 3, 4 dc in same ch sp, drop lp from hook, insert hook in top of beg ch-3, pull dropped lp through.

Popcorn (pc): 5 dc in ch sp, drop lp from hook, insert hook in first dc of 5-dc group, pull dropped lp through.

INSTRUCTIONS
DOILY
Rnd 1 (RS): With cream, ch 5, sl st in first ch to form ring, ch 1, 12 sc in ring, join with sl st in beg sc. *(12 sc)*

Rnd 2: Ch 1, sc in first st, ch 3, [sc in next st, ch 3] around, join with sl st in beg sc. *(12 ch-3 sps)*

Rnd 3: Sl st in first ch-3 sp, ch 1, sc in same ch sp, ch 3, [sc in next ch sp, ch 3] around, join with sl st in beg sc.

Rnd 4: Beg shell *(see Special Stitches)* in next ch sp, ch 2, dc in next ch sp, ch 2, [**shell** *(see Special Stitches)* in next ch sp, ch 2, dc in next ch sp, ch 2] around, join with sl st in 3rd ch of beg ch-3.

Rnd 5: [Shell *(see Pattern Notes)* in shell, ch 2, (dc, ch 3, dc) in single dc, ch 2] around, join with sl st in 3rd ch of beg ch-3.

Rnd 6: [Shell in shell, ch 3, 8 dc in next ch-3 sp, ch 2] around, join.

Rnd 7: *Shell in shell, ch 2, dc in first dc of 8-dc group, [ch 1, dc in next dc] 7 times, ch 2, rep from * around, join with sl st in 3rd ch of beg ch-3.

Rnd 8: *Shell in shell, ch 2, sc in next ch-1 sp, [ch 3, sc in next ch-1 sp] 6 times, ch 2, rep from * around, join with sl st in 3rd ch of beg ch-3.

Rnd 9: Sl st in ch-3 sp of shell, (ch 3, dc, {ch 3, dc} twice) in same ch sp, ch 2, sc in next ch-3 sp, [ch 3, sc in next ch-3 sp] 5 times, ch 2, *(2 dc, {ch 3, 2 dc} twice) in next ch-3 sp of shell, ch 2, sc in next ch-3 sp, [ch 3, sc in next ch-3 sp] 5 times, ch 2, rep from * around, join with sl st in beg ch-3.

Rnd 10: *Shell in ch-3 sp, ch 3, shell in next ch-3 sp, ch 2, sc in next ch-3 sp, [ch 3, sc in next ch-3 sp] 4 times, ch 2, rep from * around, join with sl st in 3rd ch of beg ch-3.

Rnd 11: *Shell in shell, ch 2, (dc, ch 3, dc) in next ch-3 sp between shells, ch 2, shell in shell, ch 2, sc in next ch-3 sp, [ch 3, sc in next ch-3 sp] 3 times, rep from * around, join with sl st in 3rd ch of beg ch-3.

Rnd 12: *Shell in shell, ch 2, 8 dc in next ch-3 sp, ch 2, shell in shell, ch 2, sc in next ch-3 sp, [ch 3, sc in next ch-3 sp] twice, ch 2, rep from * around, join with sl st in 3rd ch of beg ch-3.

Rnd 13: *Shell in shell, ch 2, dc in first dc of 8-dc group, [ch 1, dc in next dc] 7 times, ch 2, shell in shell, ch 2, sc in next ch-3 sp, ch 3, sc in next ch-3 sp, ch 2, rep from * around, join with sl st in 3rd ch of beg ch-3.

Rnd 14: *Shell in shell, ch 2, sc in next ch-1 sp, [ch 3, sc in next ch-1 sp] 6 times, ch 2, shell in shell, ch 2, dc in

next ch-3 sp, ch 2, rep from * around, join with sl st in 3rd ch of beg ch-3.

Rnd 15: *Shell in shell, ch 2, sc in next ch-3 sp, [ch 3, sc in next ch-3 sp] 5 times, ch 2, shell in shell, ch 5, sc in dc at top of pineapple, ch 5, rep from * around, join with sl st in 3rd ch of beg ch-3.

Rnd 16: *Shell in shell, ch 2, sc in next ch-3 sp, [ch 3, sc in next ch-3 sp] 4 times, shell in shell, ch 5, sc in next ch-5 sp, ch 3, sc in next ch-5 sp, ch 5, rep from * around, join with sl st in 3rd ch of beg ch-3, pull up lp, remove hook, **do not fasten off.**

Flower Clusters

Row 1 (RS): Join peach with sl st in ch-3 sp between 2 ch-5 sp, **beg pc** *(see Special Stitches)* in same ch sp, [ch 3, **pc** *(see Special Stitches)* in same ch sp] twice, turn.

Row 2 (WS): Sl st in ch-3 sp, ch 1, *5 sc in ch-3 sp, drop lp from hook, insert hook from RS to WS in first sc, pull dropped lp through* ch 3, rep between *, turn. Fasten off.

Next rows: Rep rows 1 and 2 alternately 5 times for a total of 6 flower clusters around Doily.

Rnd 17 (RS): Pick up dropped lp of cream, *shell in shell, ch 2, sc in next ch-3 sp, [ch 3, sc in next ch-3 sp] 3 times, ch 2, shell in shell, ch 5, sc in next ch-5 sp, ch 5, sc in next ch-3 sp at center top of flower cluster, ch 5, sc in next ch-5 sp, ch 5, rep from * around, join with sl st in 3rd ch of beg ch-3.

Rnd 18: *Shell in shell, ch 2, sc in next ch-3 sp, [ch 3, sc in next ch-3 sp] twice, ch 2, shell in shell, [ch 5, sc in next ch-3 sp, ch 3, sc in next ch-5 sp] twice, ch 5, rep from * around,

join with sl st in 3rd ch of beg ch-3. pull up lp, remover hook, **do not fasten off.**

Next rows: Rep rows 1 and 2 of flower cluster in each of next 2 ch-3 sps between the ch-5 sps for a total of 12 flower clusters around Doily.

Rnd 19 (RS): Pick up dropped lp of cream, *shell in shell, ch 2, sc in next ch-3 sp, ch 3, sc in next ch-3 sp, ch 2, shell in shell, [ch 5, sc in next ch-5 sp, ch 5, sc in next ch-3 sp at center top of flower cluster] twice, ch 5, sc in next ch-5 sp, ch 5, rep from * around, join with sl st in 3rd ch of beg ch-3.

Rnd 20: *Shell in shell, ch 2, sc in next ch-3 sp, ch 2, shell in shell, [ch 5, sc in next ch-5 sp] 6 times, ch 5, rep from * around, join with sl st in 3rd ch of beg ch-3.

Rnd 21: *[Shell in shell] twice, [ch 5, sc in next ch-5 sp] 7 times, ch 5, rep from * around, join with sl st in 3rd ch of beg ch-3.

Rnd 22: Ch 1, *[sc in each of next 2 dc, 3 sc in next ch-3 sp, sc in each of next 2 dc] twice, 5 sc in each of next 8 ch-5 sps, rep from * around, join with sl st in beg sc. Fasten off.

Rnd 23: Join peach with sl st in any sc, ch 2, [sl st in next sc, ch 2] around, join with sl st in joining sl st. Fasten off.

STIFFENING & BLOCKING

Optional: For blocking with water, dampen finished piece; arrange and shape on a padded surface. Pin in place with rustproof stainless steel pins; allow to dry completely, then remove pins.

If piece needs more stiffening and shaping, fabric stiffener or starching solution may be used. ❏❏

Picot Lace

Design by Gail Fry

FINISHED SIZE
15 inches in diameter

MATERIALS
- ❑ Crochet cotton size 10:
  200 yds white
- ❑ Size 8/1.50mm steel crochet hook or size needed to obtain gauge
- ❑ Tapestry needle

GAUGE
Rnds 1–4 = 4½ inches in diameter

SPECIAL STITCHES
Triple treble (tr tr): Yo 4 times, insert hook in indicated st, yo, pull lp through, [yo, pull through 2 lps on hook] 5 times.

Picot: Ch 12, sc in 7th ch from hook.

INSTRUCTIONS
DOILY
Center
Rnd 1: Ch 10, sl st in first ch to form ring, ch 3 (counts as first dc), 23 dc in ring, join with sl st in top of beg ch-3. (24 dc)

Rnd 2: Ch 9 (counts as first tr and ch 5), sk next 2 dc, [tr in next dc, ch 5, sk next 2 dc] around, join with sl st in 5th ch of beg ch-9. (8 ch-5 sps)

Rnd 3: Sl st in next ch sp, ch 3 (counts as first dc), (3 dc, ch 7, 4 dc) in same ch sp, (4 dc, ch 7, 4 dc) in each ch sp around, join with sl st in 3rd ch of beg ch-3.

Rnd 4: Ch 1, sc in first st, (8 dc, ch 2, 8 dc) in next ch-7 sp, sk next 4 dc, [sc in sp between dc groups, (8 dc, ch 2, 8 dc) in next ch-7 sp, sk next 4 dc] around, join with sl st in beg sc.

Rnd 5: Ch 6 (counts as first tr tr), **tr tr** (see Special Stitches) in same st, ch 8, 2 dc in next ch-2 sp, ch 8, [2 tr tr in next sc, ch 8, 2 dc in next ch-2 sp, ch 8] around, join with sl st in 6th ch of beg ch-6.

Rnd 6: Sl st in ch-8 sp, ch 3 (counts as first dc), 8 dc in same ch sp, 9 dc in each ch-8 sp around, join with sl st in 3rd ch of beg ch-3.

Rnd 7: Ch 3, dc in each of next 2 dc, 3 dc in next dc, dc in each of next 3 dc, **dc dec** (see Stitch Guide) in next 2 dc, [dc in each of next 3 dc, 3 dc in next dc, dc in each of next 3 dc, dc dec in next 2 dc] around, join with sl st in 3rd ch of beg ch-3, sl st in next st.

Rnd 8: Ch 3, dc in each of next 2 dc, 3 dc in next dc, dc in each of next 3 dc, dc dec in next 3 dc, [dc in each of next 3 dc, 3 dc in next dc, dc in each of next 3 dc, dc dec in next 3 dc] around, join with sl st in 3rd ch of beg ch-3.

Rnd 9: Sl st across to center dc of 3-dc group, ch 1, (sc, ch 3, sc) in same st, ch 6, sc in top of dc dec, ch 6, [(sc, ch 3, sc) in center dc of next 3-dc group, ch 6, sc in top of dc dec, ch 6] around, join with sl st in beg sc.

Rnd 10: Sl st in first ch-3 sp, ch 1, 3 sc in same ch sp, *6 sc in each of next 2 ch-6 sps**, 3 sc in next ch-3 sp, rep from * around, ending last rep at **, join with sl st in beg sc. Fasten off.

Outer Motif
Make 8.
Rnd 1: Ch 10, sl st in first ch to form ring, ch 3 (counts as first dc), 23 dc in ring, join with sl st in 3rd ch of beg ch-3. (24 dc)

Rnd 2: Ch 1, sc in first st, **picot** (see Special Stitches), ch 5, sk next 2 dc, [sc in next dc, picot, ch 5, sk next 2 dc] around, join with sl st in beg sc.

Rnd 3: Sl st across ch-5 and into picot, ch 1, ({2 sc, ch 3} 5 times, 2 sc) in same picot, ch 6, [({2 sc, ch 3} 5 times, 2 sc) in next picot, ch 6] around, join with sl st in beg sc. Fasten off.

Assembly

With tapestry needle and crochet cotton, place all 8 Outer Motifs in a circle. With 2 picot lps of rnd 2 left free at center, sew the center ch-3 sp of next picot to adjoining small outer ring to the right until a complete circle is formed (*on inner edge, 2 free picots on each Motif on outer edge, 4 free picots on each Motif, rem 1 at each side joined to adjacent Motif*).

Place ring of Motifs over Center, tack center ch-3 sp of each picot to Center.

STIFFENING & BLOCKING

Optional: For blocking with water, dampen finished piece; arrange and shape on a padded surface. Pin in place with rustproof stainless steel pins; allow to dry completely, then remove pins.

If piece needs more stiffening and shaping, fabric stiffener or starching solution may be used. ❑❑

Sunrise

Design by Linda Gustafson

SKILL LEVEL
INTERMEDIATE

FINISHED SIZE
13 inches in diameter

MATERIALS
❑ Crochet cotton size 10:
   250 yds cream
❑ Size 7/1.65mm steel crochet hook or size needed to obtain gauge

GAUGE
Rnds 1–4 = 3½ inches in diameter

SPECIAL STITCH
Cluster (cl): Ch 3, [yo, insert hook in same st, yo, pull lp through, yo, pull through 2 lps on hook] twice, yo, pull through all lps on hook.

INSTRUCTIONS
DOILY

Rnd 1: Ch 10, sl st in first ch to form ring, ch 3 (*counts as first dc*), 25 dc in ring, join with sl st in 3rd ch of beg ch-3. (*26 dc*)

Rnd 2: *Cl (*see Special Stitch*) in first st, [cl in top of cl just made] twice, ch 3, sl st in sp on left side between 2nd and 3rd cls, ch 3, sl st in sp on left side between first and 2nd cls, ch 3, sl st in next st on rnd 1 (*triple cl ch*), sl st in next st, rep from * around. Fasten off.

Rnd 3: Join with sl st in 3rd cl at end of any triple cl ch, ch 1, sc in same st, ch 7, [sc in end of next triple cl ch, ch 7] around, join with sl st in beg sc.

Rnd 4: Ch 1, sc in first st, [7 sc in next ch sp, sc in next st] around with 8 sc in last ch sp, join with sl st in beg sc. (*105 sc*)

Rnd 5: Ch 1, sc in first st, [ch 5, sk next 2 sts, sc in next st] around, ending with ch 2, sk next 2 sts dc in beg sc forming last ch sp. (*35 ch sps*)

Rnds 6–9: Ch 1, sc in ch sp just made, [ch 5, sc in next ch sp] around, join with ch 2, dc in beg sc forming last ch sp.

Rnds 10–12: Ch 1, sc in ch sp just made, [ch 6, sc in next ch sp] around, join with ch 3, dc in beg sc forming last ch sp.

Rnds 13–15: Ch 1, sc in ch sp just made, [ch 7, sc in next ch sp] around, join with ch 3, tr in beg sc forming last ch sp.

Rnd 16: Ch 1, sc in ch sp just made, *[ch 7, sc in next ch sp] twice, ch 4, sc in next sc, sl st in ch sp, (triple cl ch) 4 times in same ch sp, sc in next sc, ch 4, sc in next ch sp, ch 7, sc in next ch sp, rep from * around, join with ch 3, tr in beg sc forming last ch sp.

Rnd 17: Ch 1, sc in ch sp just made, *[ch 7, sc in next ch sp] twice, [ch 5, sc in top of next cl ch] 4 times, ch 5, sc in next ch-7 sp, rep from * around, join with sl st in beg sc.

Rnd 18: Sl st to center of ch sp, ch 1, sc in same ch sp, *[ch 7, sc in next ch sp] 4 times, ch 7, sc in same ch sp, [ch 7, sc in next ch sp] 3 times, rep from * around, join with ch 3, tr in beg sc forming last ch sp.

Rnd 19: Ch 1, sc in ch sp just made,

[ch 7, sc in next ch sp] around, join with ch 3, tr in beg sc forming last ch sp.

Rnd 20: Ch 1, sc in ch sp just made, ch 7, [sc in next ch sp, ch 7] around, join with sl st in beg sc.

Rnd 21: (Sl st, {cl, ch 3, sl s} 3 times) in first ch sp and in each ch sp around, join with sl st at base of first cl. Fasten off.

STIFFENING & BLOCKING

Optional: For blocking with water, dampen finished piece; arrange and shape on a padded surface. Pin in place with rustproof stainless steel pins; allow to dry completely, then remove pins.

If piece needs more stiffening and shaping, fabric stiffener or starching solution may be used. ❏❏

Oval Petals

Design by Colleen Sullivan

FINISHED SIZE
10½ x 16½ inches

MATERIALS
- ❏ Crochet cotton size 10: 300 yds white
- ❏ Size 8/1.50mm steel crochet hook or size needed to obtain gauge

GAUGE
Center strip measures ⅝ inch x 6¼ inches

SPECIAL STITCH
Cluster (cl): [Yo, insert hook in indicated ch sp, yo, pull lp through, yo, pull through 2 lps on hook] 3 times, yo, pull through all lps on hook.

INSTRUCTIONS
DOILY
Center Strip
Ch 59, dc in 8th ch from hook, [ch 2, sk next 2 chs, dc in next ch] across. Fasten off.

Rnd 1: Join with sl st in center *(10th)* dc on 1 side of Center Strip, ch 6 *(counts as first dc and ch 3)*, sc in next dc, ch 3, dc in next dc, [ch 3, sc in next dc, ch 3, dc in next dc] 3 times, ({ch 3, sc, ch 3, dc} twice, ch 3, sc, ch 3) in end sp, dc in next dc, work across 2nd side and around end to correspond, join last ch 3 with sl st in 3rd ch of beg ch-6.

Rnd 2: Ch 8 *(counts as first dc and ch 5)*, sk all sc unless specified, dc in next dc, [ch 5, dc in next dc] 4 times, ch 5, dc in next sc, ch 5, dc in next dc, work around to correspond, join last ch 5 with sl st in 3rd ch of beg ch-8.

Rnd 3: Ch 6, dc in same dc, ch 3, sc in next dc, ch 3, (dc, ch 3, dc) in next dc, ch 3, sc in next dc, ch 3, (dc, ch 3, dc) in next dc, *ch 3, sc in next ch sp, ch 3, (dc, ch 3, dc) in next dc, rep from * 3 times, ch 3, sc in next dc, ch 3, (dc, ch 3, dc) in next dc, work rem to correspond, join last ch 3 with sl st in 3rd ch of beg ch-6.

Rnd 4: Sl st in ch-3 sp, ch 3 *(counts as first dc)*, (3 dc, ch 4, 4 dc) in same ch sp, *ch 4, tr in next sc, ch 4, sk next ch sp, (4 dc, ch 4, 4 dc) in next ch-3 sp, rep from * around, ending with ch 4, join with sl st in 3rd ch of beg ch-3. *(16 groups of 4 dc, ch 4, 4 dc)*

Rnd 5: Ch 3, **dc dec** *(see Stitch Guide)* in next 3 dc, ch 4, 4 dc in next ch sp, ch 4, dc dec in next 4 dc, ch 4, sc in next tr, ch 4, *dc dec in next 4 dc, ch 4, 4 dc in next ch sp, ch 4, dc dec in next 4 dc, ch 4, sc in next tr, ch 4, rep from * around, join with sl st in top of beg dc dec.

Rnd 6: Sl st to next ch-4 sp, ch 7 *(counts as first dc and ch 4)*, dc dec in next 4 dc, ch 4, sc in next ch sp, ch 4, tr in next sc, ch 4, sk next ch sp, *sc in next ch sp, ch 4, dc dec in next 4 dc, ch 4, sc in next ch sp, ch 4, tr in next sc, ch 4, sk next ch sp, rep from around, join with sl st in 3rd ch of beg ch-7.

Rnds 7 & 8: Sl st in next ch sp, ch 7, dc in next ch sp, ch 4, [dc in next ch sp, ch 4] around, join with sl st in 3rd ch of beg ch-7.

Rnd 9: Ch 6, dc in same st, [ch 4, sk next 2 ch sps, sc in next dc, ch 4, sk next 2 ch sps, (dc, ch 3, dc) in next dc] twice, [ch 4, sc in next dc, ch 4, (dc, ch 3, dc) in next dc] 8 times, [ch 4, sk next 2 ch sps, sc in next dc ch 4, sk next 2 ch sps, (dc, ch 3, dc) in next dc] 4 times, [ch 4, sc in next dc, ch 4, (dc, ch 3, dc) in next dc] 8 times, ch 4, sk next 2 ch sps, sc in next dc, ch 4, sk next 2 ch sps, (dc, ch 3, dc) in next dc, ch 4, sk next 2 ch sps, sc in next dc, ch 4, join with

sl st in 3rd ch of beg ch-6.

Rnd 10: Sl st in ch-3 sp, (ch 3, 3 dc, ch 4, 4 dc) in same ch sp, ch 4, tr in next sc, ch 4, [(4 dc, ch 4, 4 dc) in next ch-3 sp, ch 4, tr in next sc, ch 4] around, join with sl st in 3rd ch of beg ch-3.

Rnd 11: Ch 3, dc dec in next 3 dc, ch 4, 4 dc in next ch sp, dc dec in next 4 dc, ch 4, sc in next tr, ch 4, [dc dec in next 4 dc, ch 4, 4 dc in next ch sp, ch 4, dc dec in next 4 dc, ch 4, sc in next tr, ch 4] around, join with sl st in top of first dc dec.

Rnd 12: Sl st in next ch sp, ch 1, *sc in ch-4 sp, ch 4, dc dec in next 4 dc, ch 4, sc in next ch sp, ch 4, tr in next sc, ch 4, sk next ch sp and dc dec, rep from * around, join with sl st in beg sc.

Rnd 13: Sl st in next ch sp, ch 7, [dc in next ch sp, ch 4] around, join with sl st in 3rd ch of beg ch-7.

Rnd 14: Sl st in ch sp, ch 3, [yo, insert hook in same ch sp, yo, pull lp through, yo, pull through 2 lps on hook] twice, yo, pull through all lps on hook, (ch 3, **cl** {see Special Stitch}) twice in same ch sp, ch 4, sk next ch sp, sc in next ch sp, ch 4, sk next ch sp, *(cl, ch 3, cl, ch 3, cl) in next ch sp, ch 4, sk next ch sp, sc in next ch sp, ch 4, sk next ch sp, rep from * around, join with sl st in 3rd ch of beg ch-3. Fasten off.

STIFFENING & BLOCKING

Optional: For blocking with water, dampen finished piece; arrange and shape on a padded surface. Pin in place with rustproof stainless steel pins; allow to dry completely, then remove pins.

If piece needs more stiffening and shaping, fabric stiffener or starching solution may be used. ❏❏

Desert Delight

Design by Colleen Sullivan

FINISHED SIZE
16½ inches in diameter

MATERIALS
- ❏ Crochet cotton size 10:
  - 250 yds ecru
  - 50 yds each white, parakeet and rose
- ❏ Size 8/1.50mm steel crochet hook or size needed to obtain gauge

GAUGE
Rnds 1–4 = 2½ inches

PATTERN NOTES
When changing colors (see Stitch Guide) always change in last st made.

You may work over white when not in use, but do not work over parakeet or rose.

Wind parakeet and rose each into 6 balls.

INSTRUCTIONS
DOILY
Rnd 1: With ecru, ch 8, sl st in first ch to form ring, ch 4 (counts as first dc and ch 1), dc in ring, [ch 1, dc in ring] 10 times, ch 1, join with sl st in 3rd ch of beg ch-4. (12 dc, 12 ch sps)

Rnd 2: Ch 3 (counts as first dc), 2 dc in next ch sp, [dc in next dc, 2 dc in next ch sp] around, join with sl st in 3rd ch of beg ch-3. *(36 dc)*

Rnd 3: Ch 5 *(counts as first dc and ch 2)*, sk next dc, [dc in next dc, ch 2, sk next dc] around, join with sl st in 3rd ch of beg ch-5. *(18 dc, 18 ch sps)*

Rnd 4: Ch 3 *(counts as first dc)*, 2 dc in next ch sp, [dc in next dc, 2 dc in next ch sp] around, join with sl st in 3rd ch of beg ch-3. *(54 dc)*

Rnd 5: Ch 3, dc in each of next 3 dc, ch 4, sk next 2 dc, dc in next dc, ch 4, sk next 2 dc, [dc in each of next 4 dc, ch 4, sk next 2 dc, dc in next dc, ch 4, sk next 2 dc] around, join with sl st in 3rd ch of beg ch-3. Fasten off.

Rnd 6: Join white with sl st in first st, ch 3, dc in each of next 3 dc *changing to ecru in last st made *(see Pattern Notes)*, with ecru, 4 dc in next ch sp, ch 3, dc in next dc, ch 3, 4 dc in next ch sp changing to white in last st, with white, dc in each of next 4 dc, rep from * around, ending with 4 dc in last ch sp, join with sl st in 3rd ch of beg ch-3. Fasten off.

Rnd 7: Join parakeet with sl st in first st, ch 3, dc in each of next 3 dc, *changing to white, dc in each of next 4 dc**, changing to ecru, 4 dc in next ch sp, ch 3, dc in next dc, ch 3, 4 dc in next ch sp, changing to white, dc in each of next 4 dc changing to parakeet, dc in each of next 4 dc, rep from * around, ending last rep at **, join with sl st in 3rd ch of beg ch-3. Fasten off.

Rnd 8: Join rose with sl st in first st, ch 3, dc in each of next 3 dc, *changing to parakeet, dc in each of next 4 dc**, changing to white, dc in each of next 4 dc, changing to ecru, 4 dc in next ch sp, ch 2, dc in next dc, ch 2, 4 dc in next ch sp, changing to white, dc in each of next 4 dc, changing to parakeet, dc in each of next 4 dc, changing to rose, dc in each of next 4 dc, rep from * around, ending last rep at **, join with sl st in 3rd ch of beg ch-3. Fasten off.

Rnd 9: Join parakeet with sl st in first st, ch 3, dc in each of next 3 dc, *changing to white, dc in each of next 4 dc**, changing to ecru, dc

in each of next 4 dc, ch 4, sk next 4 dc, (dc, ch 4, dc) in next dc, ch 4, sk next 4 dc, dc in each of next 4 dc, changing to white, dc in each of next 4 dc, changing to parakeet, dc in each of next 4 dc, rep from * around, ending last rep at **, join with sl st in 3rd ch of beg ch-3. Fasten off.

Rnd 10: Join white with sl st in first st, ch 3, dc in each of next 3 dc, *changing to ecru, dc in each of next 4 dc**, ch 5, sk next 4 dc, dc in next ch sp, ch 5, (dc, ch 5, dc) in next ch sp, ch 5, dc in next ch sp, ch 5, sk next 4 dc, dc in each of next 4 dc, changing to white, dc in each of next 4 dc, rep from * around, ending last rep at **, join with sl st in 3rd ch of beg ch-3, **do not fasten off ecru.**

Rnd 11: With ecru, ch 3, dc in each of next 3 dc, *[ch 5, dc in next ch sp] twice, ch 5, (dc, ch 5, dc) in next ch sp, [ch 5, dc in next ch sp] twice, ch 5, sk next 4 dc, dc in each of next 4 dc, rep from * around, join with sl st in 3rd ch of beg ch-3.

Rnd 12: Sl st in next dc, sl st in next sp between dc sts, *(hook will be positioned at center of the 4 dc sts of previous rnd)*, ch 1, sc in same sp as beg ch 1, *[ch 5, dc in next ch sp] 3 times, ch 5, (dc, ch 5, dc) in next ch sp, [ch 5, dc in next ch sp] 3 times, ch 5, sc in sp between 2nd and 3rd dc sts of next 4-dc group, rep from * around, join with sl st in beg sc.

Rnd 13: Sl st to center of next ch sp, ch 8 *(counts as first dc and ch 5)*, dc in next ch sp, [ch 5, dc in next ch sp] twice, *ch 5, (dc, ch 5, dc) in next ch sp, [ch 5, dc in next ch sp] 3 times, ch 5, **dc dec** *(see Stitch Guide)* in next 2 ch sps, [ch 5, dc in next ch sp] 3 times, rep from * around, ending with last half of dc dec by working a dc in last ch sp, join with sl st in 3rd ch of beg ch-8. Fasten off.

Rnd 14: Join white with sl st in first st, (ch 3, 3 dc, ch 5, 4 dc) in same st *(beg shell)*, ch 5, sk next ch sp, dc in next ch sp, [ch 5, dc in next ch sp] twice, ch 5, (4 dc, ch 5, 4 dc) in next ch sp, [ch 5, dc in next ch sp] 3 times, ch 5, sk next ch sp, *(4 dc, ch 5, 4 dc) in top of dc dec, ch

5, sk next ch sp, dc in next ch sp, [ch 5, dc in next ch sp] twice, ch 5, (4 dc, ch 5, 4 dc) in next ch sp, [ch 5, dc in next ch sp] 3 times, ch 5, sk next ch sp, rep from around, join with sl st in 3rd ch of beg ch-3. Fasten off.

Rnd 15: Join rose with sl st in first ch-5 sp, (ch 3, 3 dc, ch 5, 4 dc) in same ch sp, *ch 5, sc in next ch sp, [ch 5, dc in next ch sp] 3 times, ch 5, (4 dc, ch 5, 4 dc) in next ch-5 sp, [ch 5, dc in next ch sp] 3 times, ch 5, sc in next ch sp, ch 5, (4 dc, ch 5, 4 dc) in next ch sp, rep from * around, join with sl st in beg ch-3. Fasten off.

Rnd 16: Join parakeet with sl st in first ch-5 sp, (ch 3, 3 dc, ch 5, 4 dc) in same ch sp, *ch 5, sk next ch sp, dc in next ch sp, [ch 5, dc in next ch sp] 3 times, ch 5, (4 dc, ch 5, 4 dc) in next ch-5 sp, [ch 5, dc in next ch sp] 4 times, ch 5, sk next ch sp, (4 dc, ch 5, 4 dc) in next ch-5 sp, rep form * around, join with sl st in 3rd ch of beg ch-3. Fasten off.

Rnd 17: Join ecru with sl st in first ch-5 sp, ch 1, sc in same ch sp, ch 5, *sc in next ch sp, [ch 5, dc in next ch sp] 4 times, ch 5, (dc, ch 5, dc) in next ch-5 sp, [ch 5, dc in next ch sp] 4 times, ch 5, sc in next ch sp, ch 5**, sc in next ch sp, ch 5, rep from * around, ending last rep at **, join with sl st in beg sc.

Rnd 18: Ch 1, *(sc, ch 3, sc) in first st, ch 5, sl st in 3rd ch from hook, ch 2, dc in next sc, [ch 5, sl st in 3rd ch from hook, ch 2, dc in next dc] 5 times, [ch 5, sl st in 3rd ch from hook, ch 2, dc in next ch-5 sp] twice, [ch 5, sl st in 3rd ch from hook, dc in next dc] 5 times, ch 5, sl st in 3rd ch from hook, ch 2, dc in next sc, ch 5, sl st in 3rd ch from hook, ch 2, rep from * around, join with sl st in beg sc. Fasten off.

STIFFENING & BLOCKING

Optional: For blocking with water, dampen finished piece; arrange and shape on a padded surface. Pin in place with rustproof stainless steel pins; allow to dry completely, then remove pins.

If piece needs more stiffening and shaping, fabric stiffener or starching solution may be used. ❏❏

Flower Web

Design by Linda Gustafson

SKILL LEVEL

EASY

FINISHED SIZE

13 inches in diameter

MATERIALS

- ❑ Crochet cotton size 10: 400 yds white
- ❑ Size 7/1.65mm steel crochet hook or size needed to obtain gauge

GAUGE

Rnds 1–5 = 2¼ inches in diameter

SPECIAL STITCHES

Begining cluster (beg cl): Ch 3, [yo, insert hook in same sc as beg ch-3, yo, pull lp through, yo, pull through 2 lps on hook] twice, yo, pull through all lps on hook.

Cluster (cl): [yo, insert hook as indicated, yo, pull lp through, yo, pull through 2 lps on hook] 3 times in same st or ch sp, yo, pull through all lps on hook.

INSTRUCTIONS

DOILY

Rnd 1: Ch 2, 8 sc in 2nd ch from hook, join with sl st in beg sc. (8 sc)

Rnd 2: Beg cl (see Special Stitches) in first sc, [ch 5, **cl** (see Special Stitches) in next sc] 7 times, join with ch 2, dc in top of beg cl forming last ch sp.

Rnd 3: Ch 1, sc in ch sp just made, [ch 7, sc in next ch sp] around, join with ch 3, tr in beg sc forming last ch sp.

Rnd 4: Ch 1, sc in ch sp just made, [ch 9, sc in next ch sp] around, join with ch 4, dtr in beg sc forming last ch sp,

Rnd 5: Ch 1, sc in ch sp just made, ch 9, [sc in next ch sp, ch 9] around, join with sl st in beg sc.

Rnd 6: Ch 6 (counts as first dc and ch 3), (dc, ch 3) 3 times in next ch sp, *dc in next sc, ch 3, (dc, ch 3) 3 times in next ch sp, rep from *

around, join with sl st in 3rd ch of beg ch-6.

Rnd 7: Ch 6, [dc in next dc, ch 3] around, join with sl st in 3rd ch of beg ch-6.

Rnds 8 & 9: Ch 7 (counts as first dc and ch 4), [dc in next dc, ch 4] around, join with sl st in 3rd ch of beg ch-7.

Rnd 10: Ch 8 (counts as first dc and ch 5), [dc in next dc, ch 5] around, join with sl st in 3rd ch of beg ch-8.

Rnd 11: Ch 6 (counts as first dc and ch 3), *sc in next ch sp, ch 3**, dc in next dc, ch 3, rep from * around, ending last rep at **, join with sl st in 3rd ch of beg ch-6.

Rnd 12: Ch 1, sc in first st, *ch 5, sc in next sc, ch 5**, sc in next dc, rep from * around, ending last rep at **, join with ch 2, dc in beg sc forming last ch sp.

Rnds 13–17: Ch 1, sc in ch sp just made, [ch 5, sc in next ch sp] around, join with ch 2, dc in beg sc forming last ch sp.

Rnd 18: Ch 1, sc in ch sp just made, ch 5, [sc in next ch sp, ch 5] around, join with sl st in beg sc.

Rnd 19: Sl st in next ch sp, (beg cl, ch 5, cl) in same ch sp, *ch 5, sc in

next ch sp, [ch 7, sc in next ch sp] twice, (ch 5, cl) twice in next ch sp, rep from * around, join with ch 2, dc in beg sc forming last ch sp.

Rnd 20: Ch 1, sc in ch sp just made, *ch 3, (cl, ch 3) 3 times in next ch sp, sc in next ch sp, [ch 5, sc in next ch sp] 3 times, rep from * around, join with ch 2, dc in beg sc forming last ch sp.

Rnd 21: Ch 1, sc in ch sp just made, *ch 3, sk next ch sp, (cl, ch 3, cl, ch 3) in each of next 2 ch-3 sps, [sc in next ch sp, ch 5] twice, sc in next ch sp, rep from * around, join with ch 2, dc in beg sc forming last ch sp.

Rnd 22: Ch 1, sc in ch sp just made, *ch 3, cl in next ch sp, (ch 3, cl) twice in next ch sp, ch 3, cl in next ch sp, (ch 3, cl) twice in next ch sp, ch 3, cl in next ch sp, ch 3, sc in next ch sp, ch 5, sc in next ch sp, rep from * around, join with ch 2, dc in beg sc forming last ch sp.

Rnd 23: Ch 1, sc in ch sp just made, [ch 5, sc in next ch sp] around, join with ch 2, dc in beg sc forming last ch sp.

Rnd 24: Ch 1, **sc dec** (see Stitch Guide) in ch sp just made and next ch sp, [ch

5, sc in next ch sp] 7 times, ch 5, *sc dec in next 2 ch sps, [ch 5, sc in next ch sp] 7 times, join with ch 2, dc in first sc dec forming last ch sp.

Rnd 25: Ch 1, sc dec in ch sp just made and next ch sp, [ch 5, sc in next ch sp] 6 times, *ch 5, sc dec in next 2 ch sps, [ch 5, sc in next ch sp] 6 times, rep from * around, join with ch 2, dc in first sc dec forming last ch sp.

Rnd 26: Ch 1, sc dec in ch sp just made and next ch sp, [ch 5, sc in next ch sp] 5 times, *ch 5, sc dec in next 2 ch sps, [ch 5, sc in next ch sp] 5 times, rep from * around, join with sl st in beg sc dec.

Rnd 27: Sl st in first ch sp, ch 1, (sc, hdc, 3 dc, hdc, sc) in same ch sp and in each ch sp around, join with sl st in beg sc. Fasten off.

STIFFENING & BLOCKING

Optional: For blocking with water, dampen finished piece; arrange and shape on a padded surface. Pin in place with rustproof stainless steel pins; allow to dry completely, then remove pins.

If piece needs more stiffening and shaping, fabric stiffener or starching solution may be used. ❏❏

Spring Petals
Design by Agnes Russell

SKILL LEVEL

EASY

FINISHED SIZE
12½ inches in diameter

MATERIALS
- ❏ Crochet cotton size 10: 250 yds ecru
- ❏ Size 7/1.65mm steel crochet hook or size needed to obtain gauge

GAUGE
5 dc = ½ inch, 3 dc rnds = 1 inch

INSTRUCTIONS
DOILY

Rnd 1: Ch 6, sl st in first ch to form ring, ch 3 (counts as first dc), 19 dc in ring, join with sl st in 3rd ch of beg ch-3. (20 dc)

Rnd 2: Ch 1, sc in first st, ch 3, [sc in next dc, ch 3] around, join with sl st in beg sc.

Rnd 3: Sl st in ch-3 sp, ch 1, sc in same ch sp, ch 3, [sc in next ch sp, ch 3] around, join with sl st in beg sc.

Rnd 4: Sl st in ch-3 sp, ch 1, sc in same ch sp, ch 3, [sc in next ch sp, ch 3] around, join with sl st in beg sc.

Rnd 5: Sl st in ch sp, ch 4 (counts as first dc and ch 1), dc in same ch sp, ch 3, sc in next ch sp, ch 3, *(dc, ch 1, dc) in next ch sp ch 3, sc in next ch sp, ch 3, rep from * around, join with sl st in 3rd ch of beg ch-4.

Rnd 6: Ch 3 (counts as first dc), (dc, ch 1, dc) in next ch sp, dc in next dc, ch 3, sc in next sc, ch 3, [dc in

next dc, (dc, ch 1, dc) in next ch sp, dc in next dc, ch 3, sc in next sc, ch 3] around, join with sl st in 3rd ch of beg ch-3.

Rnd 7: Ch 3, dc in next dc, (dc, ch 1, dc) in next ch-1 sp, dc in each of next 2 dc, ch 2, dc in next sc, ch 2, [dc in each of next 2 dc, (dc, ch 1, dc) in next ch-1 sp, dc in each of next 2 dc, ch 2, dc in next sc, ch 2] around, join with sl st in 3rd ch of beg ch-3.

Rnd 8: Ch 3, dc in each of next 2 dc, (dc, ch 1, dc) in next ch-1 sp, dc in each of next 3 dc, ch 3, sc in next single dc, ch 3, [dc in each of next 3 dc, (dc, ch 1, dc) in next ch-1 sp, dc in each of next 3 dc, ch 3, sc in next single dc, ch 3] around, join with sl st in 3rd ch of beg ch-3.

Rnd 9: Ch 3, dc in each of next 3 dc, (dc, ch 1, dc) in next ch-1 sp, dc in each of next 4 dc, ch 3, sc in next sc, ch 3, [dc in each of next 4 dc, (dc, ch 1, dc) in next ch-1 sp, dc in each of next 4 dc, ch 3, sc in next sc, ch 3] around, join with sl st in 3rd ch of beg ch-3.

Rnd 10: Sl st in next dc, ch 3, dc in each of next 3 dc, (dc, ch 1, dc) in next ch-1 sp, dc in each of next 4 dc, ch 3, dc in next sc, ch 3, [sk next dc, dc in each of next 4 dc, (dc, ch 1, dc) in next ch-1 sp, dc in each of next 4 dc, ch 3, dc in next sc, ch 3] around, join with sl st in 3rd ch of beg ch-3.

Rnd 11: Sl st in next dc, ch 3, dc in each of next 3 dc, (dc, ch 1, dc) in next ch-1 sp, dc in each of next 4 dc, ch 3, 5 dc in single dc between petals, ch 3, [sk next dc, dc in each of next 4 dc, (dc, ch 1, dc) in next ch-1 sp, dc in each of next 4 dc, ch 3, 5 dc in single dc between petals, ch 3] around, join with sl st in 3rd ch of beg ch-3.

Rnd 12: Sl st in next dc, ch 3, dc in each of next 3 dc, (dc, ch 1, dc) in next ch-1 sp, dc in each of next 4 dc, ch 3, dc in each of next 5 dc, ch 3, [sk next dc, dc in each of next 4 dc, (dc, ch 1, dc) in next ch-1 sp, dc in each of next 4 dc, ch 3, dc in each of next 5 dc, ch 3] around, join with sl st in 3rd ch of beg ch-3.

Rnd 13: Sl st in next dc, ch 3, dc in each of next 3 dc, (dc, ch 1, dc) in next ch-1 sp, dc in each of next 4 dc, ch 3, sk next ch-3 sp, [sc in next dc, ch 3] 5 times, *sk next dc, dc in each of next 4 dc, (dc, ch 1, dc) in next ch-1 sp, dc in each of next 4 dc, ch 3, sk next ch-3 sp, [sc in next dc, ch 3] 5 times, rep from * around, join with sl st in 3rd ch of beg ch-3.

Rnd 14: Sl st in next dc, ch 3, dc in each of next 3 dc, (dc, ch 1, dc) in next ch-1 sp, dc in each of next 4 dc, ch 3, [sc in each ch-3 sp, ch 3] 6 times, *sk next dc, dc in each of next 4 dc, (dc, ch 1, dc) in next ch-1 sp, dc in each of next 4 dc, ch 3, [sc in each ch-3 sp, ch 3] 6 times, rep from * around, join with sl st in 3rd ch of beg ch-3.

Rnd 15: Sl st in next dc, ch 3, dc in each of next 3 dc, dc in next ch-1 sp, dc in each of next 4 dc, ch 3, [sc in next ch-3 sp, ch 3] 7 times, *sk next dc, dc in each of next 4 dc, dc in next ch-1 sp, dc in each of next 4 dc, ch 3, [sc in next ch-3 sp, ch 3] 7 times, rep from * around, join with sl st in 3rd ch of beg ch-3.

Rnd 16: Sl st in next dc, ch 3, dc in each of next 6 dc, ch 3, [sc in next ch-3 sp, ch 3] 8 times, *sk next dc, dc in each of next 7 dc, ch 3, [sc in next ch-3 sp, ch 3] 8 times, rep from * around, join with sl st in 3rd ch of beg ch-3.

Rnd 17: Sl st in next dc, ch 3, dc in each of next 4 dc, ch 3, [sc in next ch-3 sp, ch 3] 9 times, * sk next dc, dc in each of next 5 dc, ch 3, [sc in next ch-3 sp, ch 3] 9 times, rep from * around, join with sl st in 3rd ch of beg ch-3.

Rnd 18: Sl st in next dc, ch 3, dc in each of next 2 dc, ch 3, [sc in next ch-3 sp, ch 3] 10 times, *sk next dc, dc in each of next 3 dc, ch 3, [sc in next ch-3 sp, ch 3] 10 times, rep from * around, join with sl st in 3rd ch of beg ch-3.

Rnd 19: Ch 3, **dc dec** *(see Stitch Guide)* in next 2 dc, ch 3, [sc in next ch sp, ch 3] 11 times, *dc dec in next 3 dc, ch 3, [sc in next ch sp, ch 3] 11 times, rep from * around, join with ch 1, dc in 3rd ch of beg ch-3 forming last ch sp.

Rnd 20: Ch 1, sc in ch sp just made, [ch 3, sc in next ch sp] around, join with ch 1, dc in beg sc forming last ch sp.

Rnd 21: Ch 1, sc in ch sp just made, [ch 3, sc in next ch sp] around, ch 3, join with sl st in beg sc.

Rnd 22: Sl st in next ch-3 sp, ch 1, (2 sc, ch 3, 2 sc) in same ch sp and in each ch-3 sp around, join with sl st in top of beg sc. Fasten off.

STIFFENING & BLOCKING

Optional: For blocking with water, dampen finished piece; arrange and shape on a padded surface. Pin in place with rustproof stainless steel pins; allow to dry completely, then remove pins.

If piece needs more stiffening and shaping, fabric stiffener or starching solution may be used. ❏❏

Diamond Jubilee

Design by Lucille LaFlamme

FINISHED SIZE
6¾ in diameter

MATERIALS
❑ Crochet cotton size 10:
  23 yds pink
  16 yds dark blue
  12 yds teal
  10 yds white
❑ Size 7/1.65mm steel crochet hook or size needed to obtain gauge

GAUGE
Rnds 1–4 = 1⅞ inches in diameter

INSTRUCTIONS

DOILY

Rnd 1 (RS): With teal, ch 7, sl st in first ch to form ring, ch 3 (counts as first dc), 23 dc in ring, join with sl st in 3rd ch of beg ch-3. (24 dc)

Rnd 2: Working in **front lps** (see Stitch Guide) only this rnd, ch 1, sc in first st, ch 3, [sk next dc, sc in next dc, ch 3] around, join with sl st in beg sc. Fasten off. (12 ch-3 sps)

Rnd 3: With RS facing, join pink with sl st in any back lp of rnd 1, ch 1, sc in same st, working in back lps only this rnd, ch 4, sk next 3 sts, [sc in next st, ch 4, sk next 3 sts] around, join with sl st in beg sc. (6 ch-4 sps)

Rnd 4: Ch 1, sc in first st, *(hdc, 2 dc, 3 tr, 2 dc, hdc) in next ch sp**, sc in next sc, rep from * around, ending last rep at **, join with sl st in beg sc. (6 petals)

Rnd 5: Ch 1, sc in first st, working behind petals of last rnd, ch 5, [sc in next sc, ch 5] around, join with sl st in beg sc. Fasten off. (6 ch-5 sps)

Rnd 6: With RS facing, join dark blue with sl st in any sc, ch 3 (counts as first dc), *7 dc in next ch sp**, dc in next sc, rep from * around, ending last rep at **, join with sl st in 3rd ch of beg ch-3. (48 dc)

Rnd 7: Ch 4 (counts as first dc and ch-1), [dc in next dc, ch 1] around, join with sl st in 3rd ch of beg ch-4. Fasten off. (48 ch-1 sps)

Rnd 8: With RS facing, join white with sl st in any ch-1 sp, ch 1, sc in same ch sp, ch 3, [sk next ch sp, sc in next ch sp, ch 3] around, join with sl st in beg sc. (24 ch-3 sps)

Rnd 9: Sl st in first ch sp, ch 1, sc in same ch sp, ch 4, [sc in next ch sp, ch 4] around, join with sl st in beg sc.

Rnd 10: Sl st in each of first 2 chs of first ch sp, ch 1, sc in same ch sp, ch 4, [sc in next ch sp, ch 4] around, join with sl st in beg sc.

Rnd 11: Sl st in first ch sp, ch 1, 5 sc in same ch sp and in each ch sp around, join with sl st in beg sc. Fasten off. (24 5-sc groups)

First Border Motif

Row 1: With teal, ch 8 for foundation ch, ch 4 more for turning ch (counts as first dc and ch 1 throughout), dc in 6th ch from hook, [ch 1, sk next ch, dc in next ch] 3 times, turn. (4 ch-1 sps)

Row 2: Ch 4, [dc in next dc, ch 1] 3 times, sk next ch of turning ch, dc in next ch, turn. (4 ch-1 sps)

Row 3: Rep row 2, **do not turn**, ch 1.

Rnd 4: Working in ends of rows, 3 sc in end of same row and each of next 2 rows, ch 3, 2 sc in same sp as last 3 sc, 2 sc in each of next 2 sps, (2 sc, ch 3, 3 sc) in corner sp, 3 sc in side of next sp, (3 sc, ch 3, 2 sc) in corner sp, 2 sc in each of next 3 sps, ch 1, sl st in center sc of any 5-sc group on rnd 11, ch 1, join with sl st in beg sc. Fasten off.

Second Border Motif

Rows 1–3: With pink, rep rows 1–3 of First Border Motif.

Rnd 4: Working in ends of rows, 3 sc in end of same row and each of next 2 rows, ch 3, 2 sc in same sp as last 3 sc, 2 sc in each of next 2 sps, 2 sc in corner sp, ch 1, sk next unworked 5-sc group after joining of previous Motif on rnd 11, sl st in center sc of next 5-sc group, ch 1, 3 sc in same corner sp on working Motif as last 2 sc, 3 sc in side of next sp, 3 sc in side of next sp, ch 1, sl st in corresponding ch-3 sp on previous Motif, ch 1, 2 sc in same sp on working Motif as last

3 sc, 2 sc in each of next 3 sps, ch 3, join with sl st in beg sc. Fasten off.

Remaining Border Motifs
Make 10.
Rep instructions for Second Border Motif in the following color sequence: [dark blue, pink, teal, pink] twice, dark blue, pink, joining last Motif to First Motif at first corner in addition to joining to rnd 11 and to previous Motif.

STIFFENING & BLOCKING
Optional: For blocking with water, dampen finished piece; arrange and shape on a padded surface. Pin in place with rustproof stainless steel pins; allow to dry completely, then remove pins. If piece needs more stiffening and shaping, fabric stiffener or starching solution may be used. ❑❑

Torch Light

Design by Zelda Workman

SKILL LEVEL
◖■☐▭
EASY

FINISHED SIZE
12 inches in diameter

MATERIALS
❑ Crochet cotton size 10:
   150 yds ecru
   25 yds ecru/gold
❑ Size 7/1.65mm steel crochet hook or size needed to obtain gauge

GAUGE
Rnds 1 and 2 = 1⅞ inches in diameter

INSTRUCTIONS
DOILY
Rnd 1: With ecru, ch 8, sl st in first ch to form ring, ch 4 (*counts as first tr*), 31 tr in ring, join with sl st in 4th ch of beg ch-4. (*32 tr*)

Rnd 2: Ch 4, tr in same st, ch 1, sk next tr, [2 tr in next tr, ch 1, sk next tr] around, join with sl st in 4th ch of beg ch-4.

Rnd 3: Ch 4, tr in next tr, ch 3, [tr in each of next 2 tr, ch 3] around, join with sl st in 4th ch of beg ch-4.

Rnd 4: Ch 4, tr in next tr, ch 5, [tr in each of next 2 tr, ch 5] around, join with sl st in 4th ch of beg ch-4.

Rnd 5: Ch 4, tr in next tr, ch 6, [tr in each of next 2 tr, ch 6] around, join with sl st in 4th ch of beg ch-4.

Rnd 6: Ch 4, tr in next tr, ch 8, [tr in each of next 2 tr, ch 8] around, join with sl st in 4th ch of beg ch-4.

Rnd 7: Ch 4, tr in next tr, ch 9, [tr in each of next 2 tr, ch 9] around, join with sl st in 4th ch of beg ch-4.

Rnd 8: Ch 4, tr in same st, 2 tr in next tr, ch 9, [2 tr in each of next 2 tr, ch 9] around, join with sl st in 4th ch of beg ch-4. (*64 tr*)

Rnd 9: Ch 4, tr in same st, tr in next tr, ch 2, tr in next tr, 2 tr in next tr, ch 4, sc in ch-9 sp, ch 4, [2 tr in next tr, tr in next tr, ch 2, tr in next tr, 2 tr in next tr, ch 4, sc in ch-9 sp, ch 4] around, join with sl st in 4th ch of beg ch-4. (*96 tr*)

Rnd 10: Sl st to ch-2 sp, ch 4, 3 tr in same ch sp, ch 12, [4 tr in next ch-2 sp, ch 12] around, join with sl st in 4th ch of beg ch-4. (*64 tr*)

Rnd 11: Ch 4, tr in same tr, 2 tr in each of next 3 tr, ch 5, sc in ch-12 sp, ch 5, [2 tr in each of next 4 tr, ch 5, sc in next ch-12 sp, ch 5] around, join with sl st in 4th ch of beg ch-4.

Rnd 12: Ch 1, sc in first tr, [ch 3, sc in next tr] 7 times, ch 8, *sc in next tr, [ch 3, sc in next tr] 7 times, ch 8, rep from * around, join with sl st in beg sc.

Rnd 13: Sl st in next ch-3 sp, ch 1, sc in same ch sp, [ch 4, sc in next ch-3 sp] 6 times, ch 3, sc in next ch-8 sp, ch 3, *sc in next ch-3 sp, [ch 4, sc in next ch-3 sp] 6 times, ch 3, sc in next ch-8 sp, ch 3, rep from * around, join with sl st in beg sc.

Rnd 14: Sl st in next ch-4 sp, ch 1, sc in same ch sp, [ch 4, sc in next ch sp] around, ch 4, join with sl st in beg sc. Fasten off.

Rnd 15: Join ecru/gold with sc in any ch-4 sp between torches, ch 5, tr in next ch-4 sp, [ch 7, sl st in 4th ch from hook, ch 3, tr in next ch-4 sp] 4 times, ch 5, *sc in next ch-4 sp, ch 5, tr in next ch-4 sp, [ch 7, sl st in 4th ch from hook, ch 3, tr in next ch-4 sp] 4 times, ch 5, rep from * around, join with sl st in beg sc. Fasten off.

STIFFENING & BLOCKING
Optional: For blocking with water, dampen finished piece; arrange and shape on a padded surface. Pin in place with rustproof stainless steel pins; allow to dry completely, then remove pins.

If piece needs more stiffening and shaping, fabric stiffener or starching solution may be used. ❏❏

Chrysanthemum

Design by Lucille LaFlamme

FINISHED SIZE
4⅞ x 6¾ inches

MATERIALS
- ❏ Crochet cotton size 10:
    - 22 yds burgundy
    - 18 yds white
    - 15 yds bright yellow
    - 2 yds teal
- ❏ Size 7/1.65mm steel crochet hook or size needed to obtain gauge

GAUGE
Rnds 1–3 = 2 inches in diameter

SPECIAL STITCHES
Popcorn (pc): 5 dc in indicated ch sp or st, drop lp from hook, insert hook from RS to WS in top of first dc worked, pick up dropped lp, pull through st, ch 1 tightly to close.

Beginning popcorn (beg pc): Ch 3, 4 dc in same ch sp or st as ch-3, drop lp from hook, insert hook from RS to WS in 3rd ch of ch-3, pick up dropped lp, pull through st, ch 1 tightly to close.

Cluster (cl): Holding back on hook last lp of each st, 3 dc in indicated st or ch sp, yo, pull through all lps on hook.

Beginning cluster (beg cl): Ch 2, holding back on hook last lp of each st, 2 dc in same st as ch-2, yo, pull through all lps on hook.

INSTRUCTIONS
DOILY
Flower
Rnd 1 (RS): With bright yellow, ch 5, sl st in first ch to form ring, ch 1, 12 sc in ring, join with sl st in beg sc. *(12 sc)*
Rnd 2: Beg pc *(see Special Stitches)* in first st, ch 5, sk next sc, [**pc** *(see Special Stitches)* in next sc, ch 5, sk next sc] around, join with sl st in top of beg pc. Fasten off. *(6 pcs)*
Rnd 3: With RS facing, join burgundy with sl st in any pc, ch 1, sc in same st, *(hdc, 2 dc, 3 tr, 2 dc, hdc) in next ch sp**, sc in next pc, rep from * around, ending last rep at **, join with sl st in beg sc. Fasten off. *(6 petals)*

First Leaf
Rnd 4: With RS facing, join teal with sl st in any sc, *(ch 7, dtr, ch 7, sl st) in same st, **turn,** 7 sc in last ch-7 sp made, (sc, ch 3, sc) in dtr, 7 sc in next ch-7 sp, join with sl st at base of beg ch-7. Fasten off.

Second Leaf
Rnd 5: With RS facing, sk next 2 sc on rnd 3, join teal with sl st in next sc, rep rnd 4.

Border
Rnd 6: With RS facing, join white with sl st in ch-3 sp at tip of either Leaf, ch 1, sc in same ch sp, *ch 5, sk next 3 sc on Leaf, sc in next sc, ch 5, sc in center tr of next free petal on Flower, [ch 7, sc in center tr of next petal on Flower] twice, ch 5, sc in center sc of next 7-sc group on Leaf, ch 5**, sc in ch-3 sp at tip of Leaf, rep from * around, ending last rep at **, join with sl st in beg sc.

Rnd 7: Ch 1, sc in first st, sc in each sc around with 5 sc in each ch-5 sp, and 7 sc in each ch-7 sp, join with sl st in beg sc. *(80 sc)*

Rnd 8: Ch 4 *(counts as first dc and ch-1 throughout)*, (dc, ch 3, dc, ch 1, dc) in same st, *[ch 1, sk next sc, dc in next sc] 9 times, ch 1, sk next sc, (dc, ch 1, dc) in next sc, [ch 1, sk next sc, dc in next sc] 9 times, ch 1, sk next sc**, (dc, ch 1, dc, ch 3, dc, ch 1, dc) in next st, rep from * around, ending last rep at **, join with sl st in 3rd ch of beg ch-4.

Rnd 9: Ch 1, sc in first st, sc in each dc and each ch-1 sp around, with 3 sc in each ch-3 sp, join with sl st in beg sc.

Rnd 10: Ch 4, sk next sc, dc in next sc, *ch 1, sk next sc, ({dc, ch 3} twice, dc) in next sc, [ch 1, sk next sc, dc in next sc] 12 times, [ch 1, dc in next sc] twice**, [ch 1, sk next sc, dc in next sc] 11 times, rep from * around, ending last rep at **, [ch 1, sk next sc, dc in next sc] 9 times, ch 1, join with sl st in 3rd ch of beg ch-4.

Rnd 11: Ch 1, sc in first st, sc in each dc and each ch-1 sp around, with 3 sc in each ch-3 sp, join with sl st in beg sc. Fasten off.

Rnd 12: With RS facing, join bright yellow with sl st in **back lp** *(see Stitch Guide)* only of first st of last rnd, ch 1, sc same st and working in back lps, sc in each sc around, join with sl st in beg sc. Fasten off.

Rnd 13: With RS facing, join burgundy with sl st in back lp only of first st of last rnd, ch 1, working in back lps only, sc in same st, sc in each of next 7 sts, 3 sc in next st, sc in each of next 59 sc, 3 sc in next sc, sc in each sc around, join with sl st in beg sc.

Rnd 14: Ch 1, sc in first st, ch 3, [sk next 2 sc, sc in next sc, ch 3] around, join with sl st in beg sc. Fasten off.

Rnd 15: With RS facing, join bright yellow with sl st in any sc, **beg cl** *(see Special Stitches)* in same st, ch 3, [**cl** *(see Special Stitches)* in next sc, ch 3] around, join with sl st in top of beg cl. Fasten off.

Rnd 16: With RS facing, join burgundy with sl st in top of any cl, ch 1, (sc, ch 3, 3 dc) in same cl and in each cl around, join with sl st in beg sc. Fasten off.

STIFFENING & BLOCKING

Optional: For blocking with water, dampen finished piece; arrange and shape on a padded surface. Pin in place with rustproof stainless steel pins; allow to dry completely, then remove pins.

If piece needs more stiffening and shaping, fabric stiffener or starching solution may be used. ❏❏

Flower Wheel

Design by Katherine Eng

SKILL LEVEL

EASY

FINISHED SIZE
12 inches in diameter

MATERIALS
❏ Crochet cotton size 10:
   150 yds white
   25 yds each lilac, green and blue
❏ Size 7/1.65mm steel crochet hook or size needed to obtain gauge

GAUGE
Rnds 1–4 = 2 inches

SPECIAL STITCHES
Beginning cluster (beg cl): Ch 4, yo twice, insert hook in indicated st, yo, pull lp through, [yo, pull lp through 2 lps on hook] twice, rep from * twice, yo, pull through all lps on hook.

Cluster (cl): *Yo twice, insert hook in indicated st, yo, pull lp through, [yo, pull lp through 2 lps on hook] twice, rep from * 3 times, yo, pull through all lps on hook.

V-stitch (V-st): (Dc, ch 2, dc) in indicated st.

Shell: (2 dc, ch 2, 2 dc) in indicated st.

INSTRUCTIONS
DOILY
Rnd 1: With lilac, ch 4, sl st in first ch to form ring, ch 1, 8 sc in ring, join with sl st in beg sc. *(8 sc)*

Rnd 2: Beg cl *(see Special Stitches)* in first st, ch 3, [**cl** *(see Special Stitches)* in next sc, ch 3] around, join with sl st in top of beg cl. Fasten off. *(8 flower petals)*

Rnd 3: Join green with sc in any ch sp, 4 sc in same ch sp, ch 1, [5 sc in next ch-3 sp, ch 1] around, join with sl st in beg sc. *(40 sc)*

Rnd 4: Ch 1, sc in each sc and in each ch-1 sp around, join with sl st in beg sc. *(48 sc)*

Rnd 5: Ch 1, sc in first sc, ch 3, sk next sc, [sc in next sc, ch 3, sk next sc] around, join with sl st in beg sc. Fasten off. *(24 ch-3 sps)*

Rnd 6: Join blue with sc in any ch-3 sp, ch 4, cl in next ch-3 sp, ch 4, [sc in next ch-3 sp, ch 4, cl in next ch-3 sp, ch 4] around, join with sl st in beg sc. Fasten off. *(12 cls)*

Rnd 7: Join white with sc in any ch sp to right of cl, ch 1, sc in next ch sp, ch 6, [sc in next ch sp, ch 1, sc in next ch sp, ch 6] around, join with sl st in beg sc.

Rnd 8: Ch 3 *(counts as first dc)*, 2 dc in next ch-1 sp, dc in next sc, 6 dc in next ch-6 sp, [dc in next sc, 2 dc in next ch-1 sp, dc in next sc, 6 dc in next ch-6 sp] around, join with sl st in 3rd ch of beg ch-3.

Rnd 9: Ch 1, sc in first st, ch 1, sk next dc, [sc in next dc, ch 1, sk next dc] around, join with sl st in beg sc.

Rnd 10: Sl st in ch-1 sp, ch 1, (sc, ch 3, sc) in same ch sp, sc in next ch-1 sp, [(sc, ch 3, sc) in next ch-1 sp, sc in next ch-1 sp] around, join with sl st in beg sc.

Rnd 11: Sl st in ch-3 sp, ch 5 *(counts as first dc and ch 2)*, dc in same ch sp, ch 2, [**V-st** *(see Special Stitches)* in next ch-3 sp, ch 2] around, join with sl st in 3rd ch of beg ch-5. *(30 V-sts)*

Rnd 12: Ch 3 *(counts as first dc)*, 2 dc in ch-2 sp, [dc in next dc, 2 dc in next ch-2 sp] around, join with sl st in 3rd ch of beg ch-3.

Rnd 13: Ch 1, sc in first st, ch 1, sk next dc, [sc in next dc, ch 1, sk next dc] around, join with sl st in beg sc.

Rnd 14: Sl st in ch-1 sp, ch 1, (sc, ch 3, sc) in same ch sp, sc in next ch-1 sp, [(sc, ch 3, sc) in next ch-1 sp, sc in next ch-1 sp] around, join with sl st in beg sc.

Rnd 15: Sl st in ch-3 sp, ch 5 *(counts as first dc and ch 2)*, dc in same ch sp, ch 2, [V-st in next ch-3 sp, ch 2] around, join with sl st in 3rd ch of beg ch-5. *(45 V-sts)*

Rnd 16: Ch 3 *(counts as first dc)*, 2 dc in ch-2 sp, [dc in next dc, 2 dc in next ch-2 sp] around, join with sl st in 3rd ch of beg ch-3.

Rnd 17: Ch 1, sc in first st, ch 1, sk next dc, [sc in next dc, ch 1, sk next dc] around, join with sl st in beg sc.

Rnd 18: Sl st in ch-1 sp, ch 1, (sc, ch 3, sc) in same ch-1 sp, sc in next ch-1 sp, ch 1, sc in next ch-1 sp, [(sc, ch 3, sc) in next ch-1 sp, sc in next ch-1 sp, ch 1, sc in next ch-1 sp] around, join with sl st in beg sc. Fasten off.

Rnd 19: Join blue with sc in any ch-3 sp, **shell** *(see Special Stitches)* in next ch-1 sp, [sc in next ch-3 sp, shell in next ch-1 sp] around, join with sl st in beg sc. Fasten off.

Rnd 20: Join green with sc in ch sp of any shell, shell in next sc, [sc in ch sp of next shell, shell in next sc] around, join with sl st in beg sc. Fasten off.

Rnd 21: Join lilac with sc in any sc, ch 2, (sc, ch 3, sc) in ch sp of next shell, ch 2, [sc in next sc, ch 2, (sc, ch 3, sc) in ch sp of next shell, ch 2] around, join with sl st in beg sc.

Rnd 22: Ch 1, sc in first st, ch 2, (sc, ch 3, sc) in next ch-3 sp, ch 2, [sk next ch-2 sp, sc in next sc, ch 2, (sc, ch 3, sc) in next ch-3 sp, ch 2] around, join with sl st in beg sc. Fasten off.

Rnd 23: Join white with sc in any ch-3 sp, sk next ch-2 sp, (3 dc, ch 2, 3 dc) in next sc, sk next ch-2 sp, [sc in next ch-3 sp, sk next ch-2 sp, (3 dc, ch 2, 3 dc) in next sc, sk next ch-2 sp] around, join with sl st in beg sc.

Rnd 24: Ch 1, sc in first sc, ch 3, (sc, ch 3, sc) in next ch-2 sp, ch 3, [sc in next sc, ch 3, (sc, ch 3, sc) in next ch-2 sp, ch 3] around, join with sl st in beg sc. Fasten off.

STIFFENING & BLOCKING
Optional: For blocking with water, dampen finished piece; arrange and shape on a padded surface. Pin in place with rustproof stainless steel pins; allow to dry completely, then remove pins.

If piece needs more stiffening and shaping, fabric stiffener or starching solution may be used. ❏❏

Home Ties

Design by Lucille LaFlamme

FINISHED SIZE
5 inches square

MATERIALS
- ❑ Crochet cotton size 10:
  - 35 yds pink
  - 14 yds bright yellow
  - 8 yds green
- ❑ Size 7/1.65mm steel crochet hook or size needed to obtain gauge

GAUGE
Rnds 1 and 2 = 1¼ inches in diameter

SPECIAL STITCHES
2-double crochet cluster (2-dc cl): Holding back on hook last lp of each st, 2 dc in indicated st or ch sp, yo, draw through all lps on hook.

Beginning 2-double crochet cluster (beg 2-dc cl): (Ch 2, dc) in indicated st or ch sp.

3-double crochet cluster (3-dc cl): Holding back on hook last lp of each st, 3 dc in indicated st or ch sp, yo, pull through all lps on hook.

Picot: Ch 3, sl st in last sc made.

INSTRUCTIONS
DOILY
Rnd 1 (RS): With bright yellow, ch 6, sl st in first ch to form ring, **beg 2-dc cl** (see Special Stitches) in ring, ch 2, [**2-dc cl** (see Special Stitches) in ring, ch 2] 7 times, join with sl st in top of beg 2-dc cl. Fasten off. (8 2-dc cls)

Rnd 2: With RS facing, join green with sl st in top of any 2-dc cl, ch 1, sc in same st, [3 sc in next ch sp, sc in next 2-dc cl] around, ending with 3 sc in last ch sp, join with sl st in beg sc. Fasten off. (32 sc)

Rnd 3: With RS facing, join pink with sl st in first st of last rnd, ch 3 (counts

as first dc throughout), 3 dc in same st, *ch 2, sk next 3 sc**, 4 dc in next sc, rep from * around, ending last rep at **, join with sl st in 3rd ch of beg ch-3. (8 4-dc groups)

Rnd 4: Ch 3, dc in each of next 3 dc, *ch 2, dc in each of next 4 dc, ch 6**, dc in each of next 4 dc, rep from * around, ending last rep at **, join with sl st in 3rd ch of beg ch-3.

Rnd 5: Ch 3, dc in each of next 3 dc, *ch 2, dc in each of next 4 dc, ch 4, ({**3-dc cl**–see Special Stitches, ch 3} twice, 3-dc cl) in next ch-6 sp, ch 4**, dc in each of next 4 dc, rep from * around, ending last rep at **, join with sl st in 3rd ch of beg ch-3.

Rnd 6: Ch 2, **dc dec** (see Stitch Guide) in next 3 sts, *ch 7, dc dec in next 4 sts, ch 5, sc in next ch sp, ch 5, 3-dc cl in next ch sp, ch 3, 3-dc cl in next ch sp, ch 5, sc in next ch sp, ch 5**, dc dec in next 4 sts, rep from * around, ending last rep at **, join with sl st in top of dc dec.

Rnd 7: Ch 1, sc in first st, *(hdc, 7 dc, hdc) in next ch sp, sc in top of next dc dec, ch 3, sc in next ch sp, ch 5, sc in next ch sp, ch 5, 3-dc cl in next ch sp, [ch 5, sc in next ch sp] twice, ch 3**, sc in top of next dc dec, rep

from * around, ending last rep at **, join with sl st in beg sc.

Rnd 8: Sl st in each of next 4 sts, (sl st, ch 1, sc) in next st, *ch 8, sc in next ch-5 sp, ch 4, sc in next ch sp, ch 7, sc in next ch sp, ch 4, sc in next ch sp, ch 8**, sc in 4th dc of next 7-dc group, rep from * around, ending last rep at **, join with sl st in beg sc. Fasten off.

Rnd 9: With RS facing, join bright yellow with sl st in first st of last rnd, ch 1, sc in same st, *hdc in each of next 2 chs, dc in each of next 6 chs, dc in next sc, dc in each of next 4 chs, dc in next sc, dc in each of next 3 chs, 3 dc in next ch for corner, dc in each of next 3 chs, dc in next sc, dc in each of next 4 chs, dc in next sc, dc in each of next 6 chs, hdc in each of next 2 chs**, sc in next sc, rep from * around, ending last rep at **, join with sl st in beg sc. Fasten off.

Rnd 10: With RS facing, join green with sl st in **back lp** (see Stitch Guide) only of first st of last rnd; working in back lps only this rnd, ch 1, sc in same st as joining, sc in each st around, with 3 sc in 2nd dc of 3-dc group in each corner, join with sl st in beg sc. Fasten off.

Rnd 11: With RS facing, join pink with sl st in first sc of any 3-sc corner group, ch 1, (sc, **picot**—see Special Stitches}) in same st, (sc, picot) in each of next 2 sc, *[sc in next sc, (sc, picot) in next sc] across to first sc of next 3-sc corner group**, (sc, picot) in each of 3 corner sc, rep from * around, ending last rep at **, join with sl st in beg sc. Fasten off.

STIFFENING & BLOCKING
Optional: For blocking with water, dampen finished piece; arrange and shape on a padded surface. Pin in place with rustproof stainless steel pins; allow to dry completely, then remove pins.

If piece needs more stiffening and shaping, fabric stiffener or starching solution may be used. ❏❏

Jonquil
Design by Hazel Henry

SKILL LEVEL

INTERMEDIATE

FINISHED SIZE
5¾ inches in diameter

MATERIALS
- ❏ Crochet cotton size 10:
    13 yds bright yellow
    12 yds teal
- ❏ Size 6/1.80mm steel crochet hook or size needed to obtain gauge

GAUGE
Rnds 1 and 2 = 2⅛ inches in diameter

SPECIAL STITCHES
Cluster (cl): Holding back on hook last lp of each st, 3 tr in indicated ch sp, yo, pull through all lps on hook.

Beginning cluster (beg cl): Ch 3, holding back on hook last lp of each st, 2 tr in same ch sp as ch-3, yo, pull through all lps on hook.

INSTRUCTIONS
DOILY
Rnd 1 (RS): With bright yellow, ch 8, sl st in first ch to form ring, **beg cl** (see Special Stitches) in ring, ch 6, [**cl** (see Special Stitches) in ring, ch 6] 7 times, join with sl st in top of beg cl. (8 cls)

Rnd 2: Sl st in each of next 3 chs, ch 1, sc in same ch sp, ch 9, [sc in next ch sp, ch 9] around, join with sl st in beg sc. Fasten off. (8 ch-9 sps)

Rnd 3: With RS facing, join teal with sl st in any ch-9 sp, ch 17 (counts as first tr and ch-13), [tr in next ch sp,

ch 13] around, join with sl st in 4th ch of beg ch-17. (8 ch-13 sps)

Rnd 4: Ch 1, sc in first st, *ch 4, (sc, ch 7, sc, ch 4) in next ch sp**, sc in next tr, rep from * around, ending last rep at **, join with sl st in beg sc. Fasten off.

Rnd 5: With RS facing, join bright yellow with sl st in any ch-7 sp, (beg cl, {ch 5, cl} twice) in same ch sp, *ch 6, sk next ch sp, sc in next sc, ch 6**, ({cl, ch 5} twice, cl) in next ch-7 sp, rep from * around, ending last rep at **, join with sl st in top of beg cl. Fasten off.

Rnd 6: With RS facing, join teal with sl st in first ch-5 sp of last rnd, ch 1, sc in same ch sp, [ch 8, sc in next sp] around, join with ch 4, tr in beg sc forming last ch-8 sp. (32 ch-8 sps)

Rnd 7: Ch 1, sc in ch sp just made, *[ch 10, sl st in 5th ch from hook, ch 5, sc in next ch sp] twice**, [ch 4, sc in next ch sp] twice, rep from * around, ending last rep at **, ch 4, sc in last ch sp, ch 4, join with sl st in beg sc. Fasten off.

STIFFENING & BLOCKING
Optional: For blocking with water, dampen finished piece; arrange and shape on a padded surface. Pin in place with rustproof stainless steel pins; allow to dry completely, then remove pins.

If piece needs more stiffening and shaping, fabric stiffener or starching solution may be used. ❏❏

Fiesta

Design by Lucille LaFlamme

SKILL LEVEL

INTERMEDIATE

FINISHED SIZE

5½ in diameter

MATERIALS

- ❑ Crochet cotton size 10:
  20 yds bright yellow
  15 yds each burgundy
  and teal
  6 yds pumpkin
- ❑ Size 7/1.65mm steel crochet
  hook or size needed to
  obtain gauge

GAUGE

Rnds 1–3 = 1¾ inches in diameter

INSTRUCTIONS

DOILY

Rnd 1 (RS): With pumpkin, ch 5, sl st in first ch to form ring, ch 2 *(counts as first hdc throughout)*, 11 hdc in ring, join with sl st in 2nd ch of beg ch-2. Fasten off. *(12 hdc)*

Rnd 2: With RS facing, join burgundy with sl st in any hdc, [ch 7, hdc in 3rd ch from hook, dc in each of next 4 chs, sk next hdc on rnd 1, sl st in next st] around. Fasten off. *(6 petals)*

Rnd 3: With RS facing, working behind petals of last rnd, join bright yellow with sl st in any sk hdc of rnd 1, [ch 7, hdc in 3rd ch from hook, dc in each of next 4 chs, sl st in next sk hdc of rnd 1] around. Fasten off. *(6 petals)*

Rnd 4: With RS facing, join teal with sl st in tip of any petal, ch 1, sc in same st, ch 4, [sc in tip of next petal, ch 4] around, join with sl st in beg sc. *(12 ch-4 sps)*

Rnd 5: Ch 1, sc in first st, *(hdc, 3 dc, hdc) in next ch sp**, sc in next sc, rep from * around, ending last rep at **, join with sl st in beg sc. Fasten off.

Rnd 6: With RS facing, join bright yellow with sl st in center dc of any

3-dc group, ch 1, sc in same st, ch 6, [sc in center dc of next 3-dc group, ch 6] around, join with sl st in beg sc. *(12 ch-6 sps)*

Rnd 7: Ch 3 *(counts as first dc)*, *7 dc in next ch sp**, dc in next sc, rep from * around, ending last rep at **, join with sl st in 3rd ch of beg ch-3. Fasten off. *(96 dc)*

Rnd 8: With RS facing, join pumpkin with sl st in first st of last rnd, ch 2, hdc in each st around, join with sl st in 2nd ch of beg ch-2. Fasten off. *(96 hdc)*

Rnd 9: With RS facing, join burgundy with sl st in first st of last rnd, ch 1, sc in same st, [ch 7, hdc in 3rd ch from hook, dc in each of next 2 chs, tr in each of next 2 chs, sk next 3 sts on last rnd, sc in next st] around, join with sl st in beg sc. Fasten off. *(24 petals)*

Rnd 10: With RS facing, working behind petals of last rnd, join bright yellow with sl st in center hdc of any sk 3-hdc group of rnd 8, ch 1, sc in same st, [ch 7, hdc in 3rd ch from hook, dc in each of next 2 chs, tr in

each of next 2 chs, sc in center hdc of next sk 3-hdc group] around, ending with sl st in beg sc. Fasten off. *(24 petals)*

Rnd 11: With RS facing, join teal with sl st at tip of any bright yellow petal, ch 1, sc in same st, *ch 2, sc in tip of next burgundy petal, ch 2**, sc in tip of next bright yellow petal, rep from * around, ending last rep at **, join with sl st in beg sc.

Rnd 12: Ch 1, sc in first st, *(hdc, dc) in next ch sp, (dc, ch 4, sl st in top of dc just made, dc) in next sc, (dc, hdc) in next ch sp**, sc in next sc, rep from * around, ending last rep at **, join with sl st in beg sc. Fasten off.

STIFFENING & BLOCKING

Optional: For blocking with water, dampen finished piece; arrange and shape on a padded surface. Pin in place with rustproof stainless steel pins; allow to dry completely, then remove pins.

If piece needs more stiffening and shaping, fabric stiffener or starching solution may be used. ❑❑

Roulette

Design by Lucille LaFlamme

SKILL LEVEL

INTERMEDIATE

FINISHED SIZE
6¼ inches in diameter

MATERIALS
- ❏ Crochet cotton size 10:
   28 yds pink
   24 yds burgundy
   8 yds bright yellow
- ❏ Size 7/1.65mm steel crochet hook or size needed to obtain gauge

GAUGE
Rnds 1 and 2 = 2 inches in diameter

PATTERN STITCHES
Cluster (cl): Holding back on hook last lp of each st, 3 dc in indicated st or ch sp, yo, pull through all lps on hook.

Beginning cluster (beg cl): Ch 2; holding back on hook last lp of each st, 2 dc in same st or ch sp, yo, pull through all lps on hook.

INSTRUCTIONS
DOILY
Rnd 1 (RS): With pink, ch 7, sl st in first ch to form ring, ch 7 *(counts as first tr and ch-3)*, [tr in ring, ch 3] 11 times, join with sl st in 4th ch of beg ch-7. *(12 ch-3 sps)*

Rnd 2: Sl st in first ch sp, ch 1, (sc, hdc, 3 dc, hdc, sc) in same ch sp and in each ch sp around, join with sl st in beg sc. Fasten off. *(12 petals)*

Rnd 3: With RS facing, join bright yellow with sl st in center dc of any petal, **beg cl** *(see Special Stitches)* in same st, ch 5, [**cl** *(see Special Stitches)* in center dc of next petal, ch 5] around, join with sl st in top of beg cl. Fasten off.

Rnd 4: With RS facing, join burgundy with sl st in top of any cl, ch 1, sc in same st, *(hdc, 2 dc, 3 tr, 2 dc, hdc) in next ch sp**, sc in next cl, rep from * around, ending last rep at **, join with sl st in beg sc. Fasten off. *(12 petals)*

Rnd 5: With RS facing, join bright yellow with sl st in center tr of any petal, beg cl in same st, ch 10, [cl in center tr of next petal, ch 10] around, join with sl st in top of beg cl. Fasten off.

Rnd 6: With RS facing, join pink with sl st in top of any cl, ch 1, sc in same st, *11 sc in next ch sp**, sc in top of next cl, rep from * around, ending last rep at **, join with sl st in beg sc. *(144 sc)*

Rnd 7: Ch 1, sc in first st, ch 3, [sk next 2 sc, sc in next sc, ch 3] around, join with sl st in beg sc. *(48 ch-3 sps)*

Rnd 8: Sl st in first ch sp, ch 1, sc in same ch sp, ch 3, [sc in next ch sp, ch 3] around, join with sl st in beg sc.

Rnd 9: Sl st in first ch sp, ch 1, sc in same ch sp, ch 4, [sc in next ch sp, ch 4] around, join with sl st in beg sc.

Rnd 10: Sl st in each of first 2 chs of first ch sp, ch 1, sc in same ch sp, ch 4, [sc in next ch sp, ch 4] around, join with sl st in beg. Fasten off.

Rnd 11: With RS facing, join burgundy with sl st in any sc, ch 1, sc in same st, *(hdc, 3 dc, hdc) in next ch sp**, sc in next sc, rep from * around, ending last rep at **, join with sl st in beg sc. Fasten off.

STIFFENING & BLOCKING
Optional: For blocking with water, dampen finished piece; arrange and shape on a padded surface. Pin in place with rustproof stainless steel pins; allow to dry completely, then remove pins.

If piece needs more stiffening and shaping, fabric stiffener or starching solution may be used. ❏❏

Moon Shadows

Design by Hazel Henry

FINISHED SIZE
6 inches in diameter

MATERIALS
- ❏ Crochet cotton size 10:
  13 yds burgundy and
  7 yds dark blue
- ❏ Size 6/1.80mm steel crochet hook or size needed to obtain gauge

GAUGE
Rnd 1 = 1⅛ inches in diameter

INSTRUCTIONS

DOILY

Rnd 1 (RS): With burgundy, ch 6, sl st in first to form ring, ch 6 *(counts as first tr and ch-2 throughout)*, (tr, ch 2) 14 times in ring, join with sl st in 4th ch of beg ch-6. *(15 ch-2 sps)*

Rnd 2: Sl st in first ch sp, ch 1, 2 sc in same ch sp, 2 sc in next ch sp, *ch 7, sk next ch sp**, 2 sc in each of next 2 ch sps, rep from * around, ending last rep at **, join with sl st in beg sc.

Rnd 3: Ch 3 *(counts as first dc)*, dc in each of next 3 sc, *ch 5, sc in next ch sp, ch 5**, dc in each of next 4 sc, rep from * around, ending last rep at **, join with sl st in 3rd ch of beg ch-3.

Rnd 4: Ch 6, *tr in next dc, ch 5, tr in next dc, ch 2, tr in next dc, ch 5, sc in next sc, ch 5**, tr in next dc, ch 2, rep from * around, ending last rep at **, join with sl st in 4th ch of beg ch-6.

Rnd 5: Sl st in each of next 2 chs, in next tr and in next ch sp, ch 6, (tr, ch 5, tr, ch 2, tr) in same ch sp, *ch 16, sk next ch-2 sp, next 2 ch-5 sps and next ch-2 sp, (tr, ch 2, tr, ch 5, tr, ch 2, tr) in next ch sp, rep from * around, ending with ch 16, join with sl st in 4th ch of beg ch-6. Fasten off.

Rnd 6: With RS facing, join dark blue with sl st in first ch-16 sp of last rnd, ch 1, 17 sc in same ch-16 sp, *2 sc in next ch sp, (2 sc, ch 5, 2 sc) in next ch sp, 2 sc in next ch sp**, 17 sc in ch-16 sp, rep from * around, ending last rep at **, join with sl st in beg sc.

Rnd 7: Ch 3 *(counts as first dc)*, dc in each of next 7 sc, *ch 4, sk next sc, dc in each of next 8 sc, (3 dc, ch 5, 3 dc) in next ch-5 sp, sk next 4 sc**, dc in each of next 8 sc, rep from * around, ending last rep at **, join with sl st in beg sc. Fasten off.

Rnd 8: With RS facing, join burgundy with sl st in last ch-5 sp of last rnd, ch 1, (3 sc, ch 5, sl st in last sc made, 2 sc) in same ch-5 sp, *sc in each of next 11 dc, ch 3, (2 dc, ch 6, sl st in 5th ch from hook, ch 1, 2 dc) in next ch-5 sp, ch 3, sc in each of next 11 dc**, (3 sc, ch 5, sl st in last sc made, 2 sc) in next ch-5 sp, rep from * around, ending last rep at **, join with sl st in beg sc. Fasten off.

STIFFENING & BLOCKING

Optional: For blocking with water, dampen finished piece; arrange and shape on a padded surface. Pin in place with rustproof stainless steel pins; allow to dry completely, then remove pins.

If piece needs more stiffening and shaping, fabric stiffener or starching solution may be used. ❏❏

Calliope

Design by Hazel Henry

FINISHED SIZE
5¾ inches in diameter

MATERIALS
❏ Crochet cotton size 10:
   16 yds pink
   13 yds white
   12 yds teal
❏ Size 6/1.80mm steel crochet hook or size needed to obtain gauge

GAUGE
Rnds 1–3 = 1½ inches in diameter

SPECIAL STITCHES
Picot: Ch 6, sl st in 5th ch from hook.

Shell: (2 tr, picot, ch 1, 2 tr) in indicated ch sp.

INSTRUCTIONS

DOILY

Rnd 1 (RS): With teal, ch 8, sl st in first ch to form ring, ch 3 (*counts as first dc*), 23 dc in ring, join with sl st in 3rd ch of beg ch-3. (*24 dc*)

Rnd 2: Ch 5 (*counts as first dc and ch-2*), [dc in next dc, ch 2] around, join with sl st in 3rd ch of beg ch-5. (*24 ch-2 sps*)

Rnd 3: Sl st in first ch sp, ch 1, 2 sc in same ch sp and in each ch sp around, join with sl st in beg sc. Fasten off. (*48 sc*)

Rnd 4: With RS facing, join white with sl st in first sc of last rnd, ch 1, sc in same st, ch 3, sk next st, [sc in next st, ch 3, sk next st] around, join with sl st in beg sc. (*24 ch-3 sps*)

Rnd 5: Sl st in each of next 2 chs, ch 1, sc in same ch sp, ch 5, [sc in next ch sp, ch 5] around, join with in beg sc. (*24 ch-5 sps*)

Rnd 6: Ch 8 (*counts as first tr and ch-4*), [tr in next sc, ch 4] around, join with sl st in 4th ch of beg ch-8. Fasten off.

Rnd 7: With RS facing, join pink with sl st in any ch-4 sp, ch 1, (sc, hdc, dc, tr) in same ch sp, *ch 3, (tr, dc, hdc, sc) in next ch sp**, (sc, hdc, dc, tr) in next ch sp, rep from * around, ending last rep at **, join with sl st in beg sc.

Rnd 8: Ch 1, sc in first st, *hdc in next hdc, dc in next dc, tr in next tr, ch 2, **shell** (*see Special Stitches*) in next ch sp, ch 2, tr in next tr, dc in next dc, hdc in next hdc**, sc in each of next 2 sc, rep from * around, ending last rep at **, sc in last sc, join with sl st in beg sc. Fasten off.

Rnd 9: With RS facing, join white with sl st in first ch-2 sp of last rnd, ch 1, 2 sc in same ch sp, *sc in each of next 2 tr, ch 7, sk next picot, sc in each of next 2 tr, 2 sc in next ch sp, sc in each of next 3 sts, sk next 2 sc, sc in each of next 3 sts**, 2 sc in next ch sp, rep from * around, ending last rep at **, join with sl st in beg sc. Fasten off.

Rnd 10: With RS facing, join teal with sl st in any ch-7 sp, ch 1, (3 sc, ch 5, 3 sc) in same ch-7 sp, *sc in each of next 6 sc, sk next 2 sc, sc in each of next 6 sc**, (3 sc, ch 5, 3 sc) in next ch-7 sp, rep from * around, ending last rep at **, join with sl st in beg sc. Fasten off.

STIFFENING & BLOCKING

Optional: For blocking with water, dampen finished piece; arrange and shape on a padded surface. Pin in place with rustproof stainless steel pins; allow to dry completely, then remove pins.

If piece needs more stiffening and shaping, fabric stiffener or starching solution may be used. ❏❏

Solitude

Design by Lucille LaFlamme

FINISHED SIZE
4¾ inches square

MATERIALS
❑ Crochet cotton size 30:
    24 yds light blue
    18 yds burgundy
    14 yds bright yellow
❑ Size 7/1.65mm steel crochet hook or size needed to obtain gauge

GAUGE
Rnds 1 and 2 = 1¼ inches square

SPECIAL STITCHES
Popcorn (pc): 5 dc in indicated ch sp or st, drop lp from hook, insert hook from RS to WS in top of first dc worked, pick up dropped lp, pull through st.

Beginning popcorn (beg pc): Ch 3 (counts as first dc), 4 dc in same ch sp or st, drop lp from hook, insert hook from RS to WS in top of beg ch-3, pick up dropped lp, pull through st.

Cluster (cl): Holding back on hook last lp of each st, 3 dc in indicated ch sp or st, yo, pull through all lps on hook.

Shell: (3 dc, ch 3, 3 dc) in indicated ch sp or st.

Cluster shell (cl shell): (Cl, ch 3, cl) in indicated ch sp or st.

INSTRUCTIONS
DOILY
Rnd 1 (RS): With bright yellow, ch 8, sl st in first ch to form ring, **beg pc** (see Special Stitches) in ring, ch 5, [**pc** (see Special Stitches) in ring, ch 5] 3 times, join with sl st in top of beg cl. Fasten off. (4 pcs)

Rnd 2: With RS facing, join burgundy

with sl st in any pc, ch 1, sc in same st, *(hdc, 2 dc, 3 tr, 2 dc, hdc) in next ch sp**, sc in next pc, rep from * around, ending last rep at **, join with sl st in beg sc. Fasten off. (4 petals)

Rnd 3: With RS facing, join light blue with sl st in any sc, ch 1, sc in same st, ch 7, [sc in next sc, ch 7] around, join with sl st in beg sc. (4 ch-7 sps)

Rnd 4: Working behind rnd 2 petals, ch 6 (counts as first dc and ch-3 throughout), *shell (see Special Stitches) in center ch of next ch-7, ch 3**, dc in next sc, ch 3, rep from * around, ending last rep at **, join with sl st in 3rd ch of beg ch-6.

Rnd 5: Ch 6, *cl (see Special Stitches) in next dc, ch 1, sk next dc, cl in next dc, ch 1, **cl shell** (see Special Stitches) in ch sp of next shell, ch 1, cl in next dc, ch 1, sk next dc, cl in next dc, ch 3**, dc in next dc, ch 3, rep from * around, ending last rep at **, join with sl st in 3rd ch of beg ch-6.

Rnd 6: Ch 6, *cl in next cl, [ch 1, cl in next ch sp] twice, ch 1, cl shell in ch sp of next cl shell, [ch 1, cl in next ch sp] twice, ch 1, cl in next cl, ch

3**, dc in next dc, ch 3, rep from * around, ending last rep at **, join with sl st in 3rd ch of beg ch-6.

Rnd 7: Ch 6, *cl in next cl, [ch 1, cl in next ch sp] 3 times, ch 1, cl shell in next cl shell, [ch 1, cl in next ch sp] 3 times, ch 1, cl in next cl, ch 3**, dc in next dc, ch 3, rep from * around, ending last rep at **, join with sl st in 3rd ch of beg ch-6.

Rnd 8: Sl st in first sp, ch 1, sc in same ch sp, *[ch 5, sk next ch-1 sp, sc in next ch-1 sp] twice, ch 5, (sc, ch 5, sc) in corner ch sp, ch 5, sc in next ch-1 sp, ch 5, sk next ch-1 sp, sc in next ch-1 sp**, [ch 5, sc in next ch-3 sp] twice, rep from * around, ending last rep at **, ch 5, sc in next ch-3 sp, ch 5, join with sl st in beg sc. Fasten off.

Rnd 9: With RS facing, join bright yellow with sl st in any corner ch-5 sp, (beg pc, ch 5, pc) in same ch sp, *ch 5, sc in next ch sp, [ch 5, pc in 3rd ch of next ch-5, ch 5, sc in next ch sp] 3 times, ch 5**, (pc, ch 5, pc) in corner ch sp, rep from * around, ending last rep at **, join with sl st in top of beg pc. Fasten off.

Rnd 10: With RS facing, join burgundy with sl st in top of 2nd pc of any pair of pcs at any corner, ch 1, sc in same st, *[(4 tr, ch 4, sl st in last tr worked, 4 tr) in next sc, sc in next pc] 4 times, (3 sc, ch 4, sl st in last sc worked, 3 sc) in corner ch sp**, sc in next pc, rep from * around, ending last rep at **, join with sl st in beg sc. Fasten off.

STIFFENING & BLOCKING

Optional: For blocking with water, dampen finished piece; arrange and shape on a padded surface. Pin in place with rustproof stainless steel pins; allow to dry completely, then remove pins.

If piece needs more stiffening and shaping, fabric stiffener or starching solution may be used. ❏❏

Harvest Moon

Design by Lucille LaFlamme

SKILL LEVEL
◼◼◼▢
INTERMEDIATE

FINISHED SIZE
7⅛ inches in diameter

MATERIALS
❏ Crochet cotton size 10:
26 yds bright yellow
22 yds pumpkin
❏ Size 7/1.65mm steel crochet hook or size needed to obtain gauge

GAUGE
Rnds 1 and 2 = 1 inch in diameter

SPECIAL STITCHES

Shell: (2 dc, ch 3, 2 dc) in indicated st or ch sp.

Beginning shell (beg shell): Ch 3 *(counts as first dc)*, (dc, ch 3, 2 dc) in indicated st or ch sp.

Picot: Ch 4, sl st in last sc or last dc made.

INSTRUCTIONS
DOILY

Rnd 1 (RS): With pumpkin, ch 6, sl st in first ch to form ring, ch 1, 12 sc in ring, join with sl st in beg sc. *(12 sc)*

Rnd 2: Ch 4 *(counts as first dc and ch-1)*, [dc in next sc, ch 1] around, join with sl st in 3rd ch of beg ch-4. *(12 ch-1 sps)*

Rnd 3: Sl st in first ch sp, ch 1, 2 sc in same ch-1 sp, 2 sc in next ch-1 sp, *ch 13, tr in 6th ch from hook, ch 1, sk next ch, tr in next ch, ch 1, sk next ch, dc in next ch, ch 1, sk next ch, sc in next ch, ch 1, sk last

ch **, 2 sc in each of next 2 ch-1 sps, rep from * around, ending last rep at **, join with sl st in beg sc. *(6 petals)*

Rnd 4: Ch 1, sc in first st, sc in each of next 3 sc, *sc in first sp on petal, 2 sc in next sp, [ch 5, sc in next sp] twice, ch 5, (sc, ch 5) twice in end sp, [sc in next sp, ch 5] twice, 2 sc in next sp, sc in last sp on this petal**, sc in each of next 4 sc, rep from * around, ending last rep at **, join with sl st in beg sc. Fasten off.

Rnd 5: With RS facing, join bright yellow with sl st in ch-5 sp at tip of any petal, ch 1, (sc, ch 3, sc) in same ch sp, *ch 17, (sc, ch 3, sc) in ch-5 sp at tip of next petal, rep from * around, ending with ch 17, join with sl st in beg sc.

Rnd 6: Sl st in ch-3 sp, **beg shell** *(see Special Stitches)* in same ch sp, *ch 4, sk next 3 chs, sc in each of next 11 chs, ch 4, sk next 3 chs**, **shell** *(see Special Stitches)* in next ch-3 sp, rep from * around, ending last rep at **, join with sl st in beg sc.

Rnd 7: Sl st in next dc and in shell ch sp, (beg shell, ch 3, 2 dc) in same ch sp, *ch 4, sk next 2 sc, sc in next sc, [ch 3, sk next sc, sc in next sc] 3 times, ch 4**, (shell, ch 3, 2 dc) in ch sp of next shell, rep from * around, ending last rep at **, join with sl st in 3rd ch of beg ch-3.

Rnd 8: Sl st in next dc and in next ch sp, beg shell in same ch sp, *ch 3, shell in next ch sp, ch 4, sc in next ch-3 sp, [ch 3, sc in next ch-3 sp] twice, ch 4 **, shell in ch sp of next shell, rep from * around, ending last rep at **, join with sl st in 3rd ch of beg ch-3.

Rnd 9: Sl st in next dc and in next shell ch sp, beg shell in same ch sp, *ch 4, sc in next ch sp, ch 4, shell in ch sp of next shell, ch 4, sc in next ch-3 sp, ch 7, sc in next ch-3 sp, ch 4**, shell in ch sp of next shell, rep from * around, ending last rep at **, join with sl st in 3rd ch of beg ch-3.

Rnd 10: Sl st in next dc and in next ch sp, ch 1, sc in same ch sp, *[ch 5, sc in next ch sp] 3 times, ch 8, sc in next ch-7 sp, ch 8**, sc in ch sp of next shell, rep from * around, ending last rep at **, join with sl st in beg sc. Fasten off.

Rnd 11: With RS facing, join pumpkin with sl st in first st, ch 1, sc in same st, *5 sc in next ch sp, sc in next sc, (3 sc, **picot**—*see Special Stitches*, 3 sc) in next ch sp, sc in next sc, 5 sc in next ch sp, sc in next sc, 6 sc in next ch sp, (3 dc, picot, 3 dc) in next sc, 6 sc in next ch sp**, sc in next sc, rep from * around, ending last rep at **, join with sl st in beg sc. Fasten off.

STIFFENING & BLOCKING

Optional: For blocking with water, dampen finished piece; arrange and shape on a padded surface. Pin in place with rustproof stainless steel pins; allow to dry completely, then remove pins.

If piece needs more stiffening and shaping, fabric stiffener or starching solution may be used. ❏❏

Masquerade

Design by Hazel Henry

FINISHED SIZE

5 inches square

MATERIALS

❑ Crochet cotton size 10:
  15 yds olive green
  9 yds pumpkin
  6 yds black
  5 yds bright yellow
❑ Size 6/1.80mm steel crochet hook or size needed to obtain gauge

GAUGE

Rnds 1 and 2 = 1¾ inches square

INSTRUCTIONS

DOILY

Rnd 1 (RS): With bright yellow, ch 8, sl st in first ch to form ring, ch 4 *(counts as first tr throughout)*, 4 tr in ring, ch 7, [5 tr in ring, ch 7] 3 times, join with sl st in 4th ch of beg ch-4. *(4 5-tr groups)*

Rnd 2: Ch 4, tr in each of next 4 tr, *ch 3, (tr, ch 5, tr) in next ch sp for corner, ch 3**, tr in each of next 5 tr, rep from * around, ending last rep at **, join with sl st in 4th ch of beg ch-4. Fasten off.

Rnd 3: With RS facing, join pumpkin with sl st in 3rd ch of last ch-3 sp, ch 4, *tr in each of next 5 tr, tr in next ch, ch 2, tr in next tr, ch 2, (tr, ch 5, tr) in next ch sp, ch 2, tr in next tr, ch 2 **, tr in 3rd ch of next ch-3, rep from * around, ending last rep at **, join with sl st in 4th ch of beg ch-4.

Rnd 4: Ch 4, tr in each of next 6 tr, *tr in next ch, ch 5, (2 tr, ch 7, 2 tr) in next ch-5 sp, ch 5, sk next ch-2 sp, tr in 2nd ch of next ch-2**, tr in each of next 7 tr, rep from * around, ending last rep at **, join with sl st in 4th ch of beg ch-4. Fasten off.

Rnd 5: With RS facing, join olive green with sl st in first st of last rnd, ch 4, tr in each of next 6 tr, *ch 6, sk next ch sp, tr in each of next 2 tr, ch 2, (2 tr, ch 9, 2 tr) in next ch sp, ch 2, tr in each of next 2 tr, ch 6, sk next ch sp and next tr**, tr in each of next 7 tr, rep from * around, ending last rep at **, join with sl st in 4th ch of beg ch-4.

Rnd 6: Sl st in next tr, ch 4, tr in each of next 4 tr, *ch 8, sk next ch sp, [sc in each of next 2 tr, ch 5] twice, (2 tr, ch 5, 2 tr) in next ch sp, [ch 5, sc in each of next 2 tr] twice, ch 8, sk next ch sp and next tr**, tr in each of next 5 tr, rep from * around, ending last rep at **, join with sl st in 4th ch of beg ch-4.

Rnd 7: Ch 1, sc in first st, *hdc in next st, dc in next st, hdc in next st, sc in next st, ch 8, sk next ch sp, (sc, hdc, dc, hdc, sc) in next ch sp, ch 6, sk next ch sp, sc in each of next 2 tr, (sc, hdc, dc, hdc, sc) in next ch sp, sc in each of next 2 tr, ch 6, sk next ch sp, (sc, hdc, dc, hdc, sc) in next ch sp, ch 8, sk next ch sp**, sc in next st, rep from * around, ending last rep at **, join with sl st in beg sc. Fasten off.

Rnd 8: With RS facing, join black with sl st in first st of last rnd, ch 1, sc in first st and in each st around with 8 sc in each ch-8 sp and 6 sc in each ch-6 sp, join with sl st in beg sc. Fasten off.

STIFFENING & BLOCKING

Optional: For blocking with water, dampen finished piece; arrange and shape on a padded surface. Pin in place with rustproof stainless steel pins; allow to dry completely, then remove pins.

If piece needs more stiffening and shaping, fabric stiffener or starching solution may be used. ❑❑

Carousel

Design by Hazel Henry

SKILL LEVEL

INTERMEDIATE

FINISHED SIZE

6¾ inches in diameter

MATERIALS

- ❏ Crochet cotton size 10:
  - 13 yds white
  - 12 yds dark blue
  - 8 yds red
- ❏ Size 6/1.80mm steel crochet hook or size needed to obtain gauge

GAUGE

Rnds 1 and 2 = 1½ inches in diameter

SPECIAL STITCHES

Cluster (cl): Holding back on hook last lp of each st, 3 tr in indicated ch sp, yo, pull through all lps on hook.

Beginning cluster (beg cl): Ch 3, holding back on hook last lp of each st, 2 tr in same ch sp as ch-3, yo, pull through all lps on hook.

Shell: (2 tr, ch 3, 2 tr) in indicated ch sp.

Beginning shell (beg shell): Ch 4 (counts as first tr), (tr, ch 3, 2 tr) in indicated ch sp.

INSTRUCTIONS

DOILY

Rnd 1 (RS): With red, ch 8, sl st in first ch to form ring, **beg cl** (see Special Stitches) in ring, ch 5, [**cl** (see Special Stitches), ch 5] 7 times in ring, join with sl st in top of beg cl. (8 cls)

Rnd 2: Ch 1, sc in first st, ch 6, [sc in top of next cl, ch 6] around, join with sl st in beg sc. Fasten off.

Rnd 3: With RS facing, join white with sl st in any sc, ch 4 (counts as first tr), tr in same st, ch 8, (2 tr in next sc,

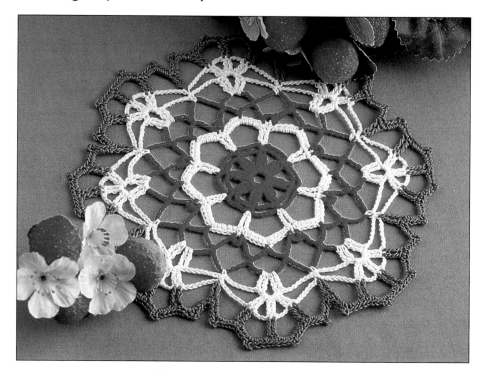

ch 8) around, join with sl st in 4th ch of beg ch-4. (8 ch-8 sps)

Rnd 4: Ch 1, sc in first st, sc in next tr, *9 sc in next ch sp**, sc in each of next 2 tr, rep from * around, ending last rep at **, join with sl st in beg sc. Fasten off. (88 sc)

Rnd 5: With RS facing, join red with sl st in first st of last rnd, ch 1, sc in same st, *ch 3, sc in next st**, [ch 7, sk next 4 sc, sc in next sc] twice, rep from * around, ending last rep at **, ch 7, sk next 4 sc, sc in next sc, join with ch 3, tr in beg sc forming last ch-7 sp. (8 ch-3 sps; 16 ch-7 sps)

Rnd 6: Ch 1, sc in ch sp just made, ch 9, [sc in next ch-7 sp, ch 9] around, join with sl st in beg sc. Fasten off. (16 ch-9 sps)

Rnd 7: With RS facing, join white with sl st in last ch-9 sp of last rnd, **beg shell** (see Special Stitches) in same ch sp, *ch 7, sc in next ch sp, ch 7**, **shell** (see Special Stitches) in next ch sp, rep from * around, ending last rep at **, join with sl st in 4th ch of beg ch-4. (8 shells)

Rnd 8: Sl st in next tr and in next ch sp,

(beg shell, ch 3, 2 tr) in same ch sp, *ch 7, sc in next sc, ch 7**, (shell, ch 3, 2 tr) in ch sp of next shell, rep from * around, ending last rep at **, join with sl st in 4th ch of beg ch-4. Fasten off.

Rnd 9: With RS facing, join dark blue with sl st in first st of last rnd, ch 4, tr in next tr, *[ch 6, tr in each of next 2 tr] twice, ch 6, 2 tr in next sc, ch 6**, tr in each of next 2 tr, rep from * around, ending last rep at **, join with sl st in 4th ch of beg ch-4.

Rnd 10: Ch 1, sc in each of first 2 sts, *(3 sc, ch 3, 3 sc) in next ch sp**, sc in each of next 2 tr, rep from * around, ending last rep at **, join with sl st in beg sc. Fasten off.

STIFFENING & BLOCKING

Optional: For blocking with water, dampen finished piece; arrange and shape on a padded surface. Pin in place with rustproof stainless steel pins; allow to dry completely, then remove pins.

If piece needs more stiffening and shaping, fabric stiffener or starching solution may be used. ❏❏

Tea Time

Design by Lucille LaFlamme

SKILL LEVEL

INTERMEDIATE

FINISHED SIZE
6½ inches in diameter

MATERIALS
- ❏ Crochet cotton size 10:
  27 yds teal
  14 yds pink
- ❏ Size 7/1.65mm steel crochet hook or size needed to obtain gauge

GAUGE
Rnds 1 and 2 = 2¼ inches in diameter

SPECIAL STITCHES

3-treble crochet cluster (3-tr cl): Holding back on hook last lp of each st, 3 tr in indicated st or ch sp, yo, pull through all lps on hook.

2-treble crochet cluster (2-tr cl): Holding back on hook last lp of each st, 2 tr in indicated st or ch sp, yo, pull through all lps on hook.

Chain-5 picot (ch-5 picot): Ch 11, sl st in 6th ch from hook.

Chain-4 picot (ch-4 picot): Ch 4, sl st in top of last cl made.

INSTRUCTIONS
DOILY

Rnd 1 (RS): With teal, ch 8, sl st in first ch to form ring, ch 3 *(counts as first dc)*, 23 dc in ring, join with sl st in 3rd ch of beg ch-3. *(24 dc)*

Rnd 2: *Ch-5 picot *(see Special Stitches)*, ch 5, sk 2 dc**, sl st in next dc, rep from * around, ending last rep at **, join with sl st in st at base of beg ch-11.

Rnd 3: Sl st in first ch sp, ch 1, 5 sc in same ch sp, (sl st, ch 4, **2-tr cl**—*see Special Stitches*, **ch-4 picot**—*see Special Stitches,* (ch 3, **3-tr cl**—*see Special Stitches,* ch-4 picot} twice,

ch 3, 2-tr cl, ch-4 picot, ch 4, sl st) in next ch-5 picot, *[5 sc in next ch sp] twice, (sl st, ch 4, 2-tr cl, ch 2, sl st in last ch-4 picot made, ch 2, sl st in top of last cl made for joining picot) in next ch-5 picot**, ({ch 3, 3-tr cl, ch-4 picot} twice, ch 3, 2-tr cl, ch-4 picot, ch 4, sl st) in same ch-5 picot as last 2-tr cl, rep from * around, ending last rep at **, ({ch 3, 3-tr cl, ch-4 picot} twice, ch 3, 2-tr cl, joining picot to first ch-4 picot of rnd, ch 4, sl st) in same ch-5 picot as last 2-tr cl, 5 sc in next ch sp, join with sl st in beg sc. Fasten off.

Rnd 4: With RS facing, join pink with sl st in first ch-3 sp of last rnd, ch 1, sc in same ch sp, [ch 6, sc in next ch-3 sp] around, join with ch 3, dc in beg sc forming last ch-6 sp. *(24 ch-6 sps)*

Rnd 5: Ch 1, sc in ch sp just made, [ch 6, sc in next ch sp] around, join with ch-3, dc in beg sc forming last ch sp. *(24 ch-6 sps)*

Rnd 6: Ch 1, sc in ch sp just made, ch 6, [sc in next ch sp, ch 6] around, join with sl st in beg sc. *(24 ch-6 sps)*

Rnd 7: Sl st in first ch sp, ch 1, 7 sc in

same ch sp and in each ch sp around, join with sl st in beg sc. Fasten off. *(24 7-sc groups)*

Rnd 8: With RS facing, join teal with sl st in center sc of first 7-sc group of last rnd, ch 1, sc in same st, *ch 6, sc in center sc of next 7-sc group, ch 10**, sc in center sc of next 7-sc group, rep from * around, ending last rep at **, join with sl st in beg sc.

Rnd 9: Sl st in first ch sp, ch 1, beg in same ch sp, (3 sc, ch 4, sl st in last sc made, 3 sc) in same ch-6 sp, *(5 sc, ch 4, sl st in last sc made, 5 sc) in ch-10 sp**, (3 sc, ch 4, sl st in last sc made, 3 sc) in ch-6 sp, rep from * around ending last rep at **, join with sl st in beg sc. Fasten off.

STIFFENING & BLOCKING

Optional: For blocking with water, dampen finished piece; arrange and shape on a padded surface. Pin in place with rustproof stainless steel pins; allow to dry completely, then remove pins.

If piece needs more stiffening and shaping, fabric stiffener or starching solution may be used. ❏❏

Remembrance

Design by Hazel Henry

SKILL LEVEL

BEGINNER

FINISHED SIZE

7½ inches in diameter

MATERIALS

- ❑ Crochet cotton size 10:
  - 32 yds teal
  - 14 yds antique gold
- ❑ Size 6/1.80mm steel crochet hook or size needed to obtain gauge

GAUGE

Rnds 1–3 = 2⅝ inches in diameter

INSTRUCTIONS

DOILY

Rnd 1 (RS): With antique gold, ch 8, sl st in first ch to form ring, ch 3 *(counts as first dc)*, 23 dc in ring, join with sl st in 3rd ch of beg ch-3. *(24 dc)*

Rnd 2: Ch 11 *(counts as first tr and ch-7)*, sk next 2 dc, [tr in next dc, ch 7, sk next 2 dc] around, join with sl st in 4th ch of beg ch-11. *(8 ch-7 sps)*

Rnd 3: Sl st in first ch sp, ch 4 *(counts as first tr)*, 8 tr in same ch sp, 9 tr in each ch sp around, join with sl st in 4th ch of beg ch-4. *(72 tr)*

Rnd 4: Ch 1, sc in first st, *[ch 4, sk next sc, sc in next sc] 4 times**, sc in next sc, rep from * around, ending last rep at **, join with sl st in beg sc. *(32 ch-4 sps)*

Rnd 5: Sl st in next ch sp, ch 1, sc in same ch sp, *[ch 6, sc in next ch sp] 3 times, ch 1**, sc in next ch sp, rep from * around, ending last rep at **, join with sl st in beg sc. Fasten off.

Rnd 6: With RS facing, join teal with sl st in first ch-6 sp of last rnd, ch 1, sc in same ch sp, *[ch 8, sc in next ch sp] twice, ch 5, 2 tr in next ch-1 sp, ch 5**, sc in next ch sp, rep from

* around, ending last rep at **, join with sl st in beg sc.

Rnd 7: Sl st in each of first 3 chs of next ch sp, ch 1, sc in same ch sp, *ch 8, sc in next ch sp, ch 5, 2 tr in next tr, ch 5, 2 tr in next tr, ch 5, sk next ch-5 sp**, sc in next ch sp, rep from * around, ending last rep at **, join with sl st in beg sc.

Rnd 8: Sl st in each of first 3 chs of next ch sp, ch 1, 3 sc in same ch sp, *ch 5, tr in each of next 2 tr, ch 6, sc in next ch sp, ch 6, tr in each of next 2 tr, ch 5, sk next ch sp**, 3 sc in next ch sp, rep from * around, ending last rep at **, join with sl st in beg sc.

Rnd 9: Ch 1, sc in first st, sc in each of next 2 sc, *ch 5, tr in each of next 2 tr, [ch 6, sc in next ch sp] twice, ch 6, tr in each of next 2 tr, ch 5**, sc in each of next 3 sc, rep from * around, ending last rep at **, join with sl st in beg sc.

Rnd 10: Sl st in next sc, ch 1, sc in

same st, *ch 5, tr in each of next 2 tr, [ch 6, sc in next ch sp] 3 times, ch 6, tr in each of next 2 tr, ch 5**, sc in center sc of next 3-sc group, rep from * around, ending last rep at **, join with sl st in beg sc.

Rnd 11: Sl st in each of next 5 chs and in next tr, ch 4, tr in next tr, *[ch 6, tr in next ch sp] 4 times, ch 6**, [tr in each of next 2 tr] twice, rep from * around, ending last rep at **, tr in each of last 2 tr, join with sl st in 4th ch of beg ch-4. Fasten off.

STIFFENING & BLOCKING

Optional: For blocking with water, dampen finished piece; arrange and shape on a padded surface. Pin in place with rustproof stainless steel pins; allow to dry completely, then remove pins.

If piece needs more stiffening and shaping, fabric stiffener or starching solution may be used. ❑❑

Solstice

Design by Hazel Henry

FINISHED SIZE
4¾ x 6 inches

MATERIALS
- ❏ Crochet cotton size 10:
  15 yds natural
  12 yds each teal and
  burgundy
- ❏ Size 6/1.80mm steel crochet
  hook or size needed to
  obtain gauge

GAUGE
Rnds 1–3 = 1⅛ x 3⅛ inches

SPECIAL STITCH
V-stitch (V-st): (Dc, ch 3, dc)
in indicated st or ch sp.

INSTRUCTIONS
DOILY

Rnd 1 (RS): With teal, ch 18, sc in 2nd ch from hook and in each of next 15 chs, (sc, ch 3, sc) in last ch, working on opposite side of ch, sc in each of next 16 chs, ch 3, join with sl st in beg sc. *(34 sc, 2 ch-3 sps)*

Rnd 2: Ch 1, sc in first st, *[ch 3, sk next sc, sc in next sc] 8 times, ch 3, sc in next ch-3 sp, ch 3*, sc in next sc, rep between *, join with sl st in beg sc. *(20 ch-3 sps)*

Rnd 3: Sl st in first ch sp, ch 1, sc in same ch sp, [ch 3, sc in next ch sp] 8 times, ch 5, sc in next ch sp, [ch 3, sc in next ch sp] 9 times, ch 5, sc in next ch sp, ch 3, join with sl st in beg sc. *(18 ch-3 sps, 2 ch-5 sps)*

Rnd 4: Sl st in next ch sp, ch 4 *(counts as first dc and ch-1 throughout)*, ({dc, ch 1} 3 times, dc) in same ch sp, sc in each of next 2 ch sps, *({dc, ch 1} 4 times, dc) in next ch sp*, sc in each of next 2 sps**, rep between * once, sc in next ch sp, ◊({dc, ch 1} 8 times, dc) in ch-5 sp, sc in next ch sp◊, rep from * to ** twice, rep between *, sc in next ch sp, rep between ◊, join with sl st in 3rd ch of beg ch-4.

Rnd 5: Ch 4, dc in next dc, ch 1, **V-st** *(see Special Stitch)* in next dc, [ch 1, dc in next dc] twice, *[dc in next dc, ch 1] twice, V-st in next dc, [ch 1, dc in next dc] twice*, rep between *, **[dc in next dc, ch 1] 4 times, V-st in next dc, [ch 1, dc in next dc] 4 times**, rep between * 3 times, rep between **, join with sl st in 3rd ch of beg ch-4. Fasten off.

Rnd 6: With RS facing, join natural with sl st in ch sp of first V-st of last rnd, ch 1, sc in same ch sp, [ch 9, sc in ch sp of next V-st] twice, *ch 9, sk next 4 dc, sc in next dc, ch 9, sc in ch sp of next V-st, ch 9, sk next 3 dc, sc in next dc*, [ch 9, sc in ch sp of next V-st] 3 times, rep between *, ch 9, join with sl st in beg sc. *(12 ch-9 sps)*

Rnd 7: Ch 1, sc in first st, *ch 5, (sc, ch 5) twice in next ch sp**, sc in next sc, rep from * around, ending last rep at **, join with sl st in beg sc. *(36 ch-5 sps)*

Rnd 8: Sl st in each of first 3 chs of first ch sp, ch 1, sc in same ch sp, *({dc, ch 1} 4 times, dc) in next ch sp, sc in next ch sp**, ch 2, sc in next ch sp*, rep between * twice, ◊rep from * to ** once, ch 5, sc in next ch sp◊, rep between * 5 times, rep between ◊, rep between *, rep from * to **, ch 2, join with sl st in beg sc.

Rnd 9: Sl st in next dc, ch 4, dc in next dc, ch 1, *V-st in next dc, [ch 1, dc in next dc] twice, ch 1**, sc in next ch-2 sp, ch 1, [dc in next dc, ch 1] twice*, rep between * twice, ◊rep from * to **, (sc, ch 3, sc) in next ch-5 sp, ch 1, [dc in next dc, ch 1] twice◊, rep between * 5 times, rep between ◊, rep between * once, rep from * to **, sc in last ch-2 sp, ch 1, join with sl st in 3rd ch of beg ch-4. Fasten off.

Rnd 10: With RS facing, join burgundy with sl st in ch-3 sp at either end of doily, ch 1, 3 sc in same ch sp, sc in each st and ch-1 sp around, with 3 sc in each ch-3 sp, join with sl st in beg sc.

Rnd 11: Ch 1, sc in first st, ch 3, sk next sc, [sc in next sc, ch 3, sk next sc] around, join with sl st in beg sc. Fasten off.

STIFFENING & BLOCKING
Optional: For blocking with water, dampen finished piece; arrange and shape on a padded surface. Pin in place with rustproof stainless steel pins; allow to dry completely, then remove pins.

If piece needs more stiffening and shaping, fabric stiffener or starching solution may be used. ❏❏

Shepherd's Purse

Design by Hazel Henry

SKILL LEVEL

◼☐☐◻
BEGINNER

FINISHED SIZE

5½ inches square

MATERIALS

❏ Crochet cotton size 10:
  25 yds green
  8 yds natural
❏ Size 6/1.80mm steel crochet hook or size needed to obtain gauge

GAUGE

Rnd 1 = 1½ inches in diameter

SPECIAL STITCH

Picot: Ch 8, sl st in 5th ch from hook.

INSTRUCTIONS

DOILY

Rnd 1 (RS): With green, ch 8, sl st in first ch to form ring, ch 4 (*counts as first tr throughout*), 2 tr in ring, ch 4, [3 tr in ring, ch 4] 7 times, join with sl st in 4th ch of beg ch-4. Fasten off. (*8 3-tr groups*)

Rnd 2: With RS facing, join natural with sl st in any ch-4 sp, ch 4, 2 tr in same ch sp, **picot** (*see Special Stitch*), ch 3**, 3 tr in next ch sp, rep from * around, ending last rep at **, join with sl st in 4th ch of beg ch-4. Fasten off.

Rnd 3: With RS facing, join green with sl st in first st of last rnd, ch 4, tr in each of next 2 tr, *picot twice, ch 3**, tr in each of next 3 tr, rep from * around, ending last rep at **, join with sl st in 4th ch of beg ch-4.

Rnd 4: With RS facing, join natural with sl st in first st of last rnd, ch 4, tr in each of next 2 tr, *ch 6, sk next picot, tr in next ch sp, ch 6, 2 tr in next tr, ch 6, sk next tr, 2 tr in next tr, ch 6, sk next ch sp, tr in next ch sp, ch 6**, tr in each of next 3 tr, rep from * around, ending last rep at **, join with sl st in 4th ch of beg ch-4. Fasten off.

Rnd 5: With RS facing, join green with sl st in last ch-6 sp of last rnd, ch 1, 6 sc in same ch sp, *sc in each of next 3 tr, 6 sc in next ch sp, ch 5, sc in next ch sp, ch 5, (3 tr, ch 5, 3 tr) in next ch sp, ch 5, sc in next ch sp, ch 5**, 6 sc in next ch sp, rep from * around, ending last rep at **, join with sl st in beg sc.

Rnd 6: Sl st in each of next 2 sc, (sl st, ch 1, sc) in next sc, sc in each of next 8 sc, *[ch 6, sc in next ch sp] twice, ch 5, tr in next tr, ch 1, sk next tr, tr in next tr, (3 tr, ch 5, 3 tr) in next ch sp, tr in next tr, ch 1, sk next tr, tr in next tr, ch 5, sc in next ch sp, ch 6, sc in next ch sp, ch 6, sk next 3 sc**, sc in each of next 9 sc, rep from * around, ending last rep at **, join with sl st in beg sc.

Rnd 7: Ch 4, tr in each of next 2 sc, *ch 3, sk next 3 sc, tr in each of next 3 sc, ch 5, sc in next ch sp, [ch 7, sc in next ch sp] twice, picot, ch 3, (sc, ch 7, sl st in 5th ch from hook, ch 2, sc) in next ch-5 sp, picot, ch 3, sc in next ch-5 sp, [ch 7, sc in next ch sp] twice, ch 5**, tr in each of next 3 sc, rep from * around, ending last rep at **, join with sl st in 4th ch of beg ch-4. Fasten off.

STIFFENING & BLOCKING

Optional: For blocking with water, dampen finished piece; arrange and shape on a padded surface. Pin in place with rustproof stainless steel pins; allow to dry completely, then remove pins.

If piece needs more stiffening and shaping, fabric stiffener or starching solution may be used. ❏❏

Autumn Path

Design by Hazel Henry

SKILL LEVEL

INTERMEDIATE

FINISHED SIZE
5 x 6¼ inches

MATERIALS
- ❑ Crochet cotton size 10:
  - 28 yds pumpkin
  - 12 yds antique gold
- ❑ Size 6/1.80mm steel crochet hook or size needed to obtain gauge

GAUGE
Rnds 1–3 = 1¾ inches in diameter

INSTRUCTIONS

DOILY

Rnd 1 (RS): With antique gold, ch 8, sl st in first ch to form ring, ch 3 *(counts as first dc)*, 23 dc in ring, join with sl st in top of beg ch-3. *(24 dc)*

Rnd 2: Ch 4 *(counts as first dc and ch-1)*, [dc in next dc, ch 1] around, join with sl st in 3rd ch of beg ch-4. *(24 ch-1 sps)*

Rnd 3: Sl st in first ch sp, ch 1, sc in same ch sp, ch 3, [sc in next ch sp, ch 3] around, join with sl st in beg sc. Fasten off. *(24 ch-3 sps)*

Rnd 4: With RS facing, join pumpkin with sl st in any ch-3 sp, ch 1, sc in same ch sp, [ch 3, sc in next ch sp] 3 times, *[ch 8, sk next ch sp, sc in next ch sp] 3 times*, [ch 3, sc in next ch sp] 6 times, rep between *, [ch 3, sc in next ch sp] twice, ch 3, join with sl st in beg sc.

Rnd 5: Sl st in first ch sp, ch 1, sc in same ch sp, [ch 3, sc in next ch sp] twice, *({dc, ch 1} 7 times, dc) in next ch-8 sp*, (sc, ch 8, sc) in next ch-8 sp**, rep between *, sc in next ch sp, [ch 3, sc in next ch sp] 5 times, rep from first * to **, rep between *, sc in next ch sp, [ch 3, sc in next ch sp] twice, ch 3, join with sl st in beg sc.

Rnd 6: Sl st in first ch sp, ch 1, sc in same ch sp, ch 3, sc in next ch sp, *dc in next dc, [ch 2, dc in next dc] 7 times*, ({dc,

ch 1} 7 times, dc) in next ch-8 sp**, rep between *, sc in next ch sp, [ch 3, sc in next ch sp] 4 times, rep from first * to **, rep between *, sc in next ch sp, [ch 3, sc in next ch sp] twice, ch 3, join with sl st in beg sc.

Rnd 7: Sl st in next ch sp, ch 1, sc in same ch sp, [ch 3, sc in next ch sp] 7 times, sk next 2 dc, *tr in next ch-1 sp, [ch 2, tr in next ch-1 sp] 6 times*, sc in next ch sp, [ch 3, sc in next ch sp] 17 times, rep between *, sc in next ch sp, [ch 3, sc in next ch sp] 9 times, ch 3, join with sl st in beg sc. Fasten off.

Rnd 8: With RS facing, join antique gold with sl st in first ch-3 sp of last rnd, ch 1, sc in same ch sp, [ch 8, sk next ch sp, sc in next ch sp] 3 times, [ch 3, sc in next ch sp, ch 8, sk next ch sp, sc in next ch sp] 3 times, [ch 8, sk next ch sp, sc in next ch sp] 7 times, [ch 3, sc in next ch sp, ch 8, sk next ch sp, sc in next ch sp] 3 times, [ch 8, sk next ch sp, sc in next ch sp] 3 times, ch 8, join with

sl st in beg sc.

Rnd 9: Sl st in each of first 4 chs of first ch sp, ch 1, sc in same ch sp, [ch 8, sc in next ch-8 sp] 3 times, ch 8, sc in next ch-3 sp, [ch 8, sc in next ch-8 sp] 10 times, ch 8, sc in next ch-3 sp, [ch 8, sc in next ch-8 sp] 6 times, ch 8, join with sl st in beg sc. Fasten off. *(22 ch-8 sps)*

Rnd 10: With RS facing, join pumpkin with sl st in any ch-8 sp, ch 4 *(counts as first tr)*, (3 tr, ch 3, 4 tr) in same ch sp, (4 tr, ch 3, 4 tr) in each ch sp around, join with sl st in top of beg ch-4. Fasten off.

STIFFENING & BLOCKING

Optional: For blocking with water, dampen finished piece; arrange and shape on a padded surface. Pin in place with rustproof stainless steel pins; allow to dry completely, then remove pins.

If piece needs more stiffening and shaping, fabric stiffener or starching solution may be used. ❑❑

Eventide

Design by Hazel Henry

SKILL LEVEL

BEGINNER

FINISHED SIZE

7 inches in diameter

MATERIALS

- ❑ Crochet cotton size 10:
    - 24 yds lavender
    - 22 yds olive green
    - 10 yds dark blue
- ❑ Size 6/1.80mm steel crochet hook or size needed to obtain gauge

GAUGE

Rnds 1 and 2 = 1½ inches in diameter

INSTRUCTIONS

DOILY

Rnd 1 (RS): With dark blue, ch 8, sl st in first ch to form ring, ch 3 *(counts as first dc)*, 23 dc in ring, join with sl st in 3rd ch of beg ch-3. *(24 dc)*

Rnd 2: Ch 4 *(counts as first tr throughout)*, tr in same st, *sk next st, 5 tr in next st, sk next st**, 2 tr in next st, rep from * around, ending last rep at **, join with sl st in 4th ch of beg ch-4.

Rnd 3: Ch 4, tr in next tr, *ch 2, tr in each of next 2 tr, 5 tr in next tr, tr in each of next 2 tr, ch 2**, tr in each of next 2 tr, rep from * around, ending last rep at **, join with sl st in 4th ch of beg ch-4. Fasten off.

Rnd 4: With RS facing, join lavender with sl st in first st of last rnd, ch 4, tr in next tr, *ch 4, sk next ch-2 sp and next 2 tr, tr in each of next 2 tr, 5 tr in next tr, tr in each of next 2 tr, ch 4, sk next ch-2 sp**, tr in each of next 2 tr, rep from * around, ending last rep at **, join with sl st in 4th ch of beg ch-4.

Rnd 5: Ch 4, tr in next tr, *ch 6, sk next ch sp and next 2 tr, tr in each of next 2 tr, 5 tr in next tr, tr in each of next 2 tr, ch 6, sk next ch sp**, tr in each of next 2 tr, rep from * around, ending last rep at **, join with sl st in 4th ch of beg ch-4.

Rnd 6: Ch 4, tr in next tr, *ch 8, sk next ch sp and next 2 tr, tr in each of next 2 tr, 5 tr in next tr, tr in each of next 2 tr, ch 8, sk next ch sp**, tr in each of next 2 tr, rep from * around, ending last rep at **, join with sl st in 4th ch of beg ch-4.

Rnd 7: Ch 4, tr in next tr, *ch 10, sk next ch sp and next 2 tr, tr in each of next 2 tr, 5 tr in next tr, tr in each of next 2 tr, ch 10, sk next ch sp**, tr in each of next 2 tr, rep from * around, ending last rep at **, join with sl st in 4th ch of beg ch-4. Fasten off.

Rnd 8: With RS facing, join olive green with sl st in first ch-10 sp of last rnd, ch 1, 10 sc in same ch sp, *sc in each of next 9 tr, 10 sc in next ch sp, sc in each of next 2 tr**, 10 sc in next ch sp, rep from * around, ending last rep at **, join with sl st in beg sc.

Rnd 9: (Sl st, ch 1, sc) in next sc, [ch 5, sk next sc, sc in next sc] 13 times, *ch 5, sk next sc, sc in each of next 2 sc**, [ch 5, sk next sc, sc in next sc] 14 times, rep from * around, ending last rep at **, join with ch 2, dc in beg sc forming last ch-5 sp.

Rnd 10: Ch 1, sc in ch sp just made, ch 5, [sc in next ch sp, ch 5] around, join with sl st in beg sc. Fasten off.

STIFFENING & BLOCKING

Optional: For blocking with water, dampen finished piece; arrange and shape on a padded surface. Pin in place with rustproof stainless steel pins; allow to dry completely, then remove pins.

If piece needs more stiffening and shaping, fabric stiffener or starching solution may be used. ❑❑

Irish Trefoil

Design by Liz Field

FINISHED SIZE

6 inches in diameter

MATERIALS

- ❏ Crochet cotton size 10:
  60 yds white
- ❏ Size 8/1.50mm steel crochet
  hook or size needed to
  obtain gauge

GAUGE

11 sts = 1 inch

INSTRUCTIONS

DOILY

Rnd 1: Ch 23, sl st in first ch to form first lp, [ch 22, sl st in same ch as last sl st] twice, work 27 sc in each lp, **do not join.**

Rnd 2: Working in **back lps** (see Stitch Guide), sl st in each of first 3 sts, ch 1, [sc in next st, ch 4, sk next 2 sts] 7 times, sc in next st, sk next 4 sts, [sc in next st, ch 4, sk next 2 sts] 7 times, sc in next st, sk next 5 sts, [sc in next st, ch 4, sk next 2 sts] 7 times, sc in next st, sk last 3 sts, join with sl st in beg sc.

Rnd 3: (Sl st, ch 1, sc) in first ch sp, *[ch 4, sc in next ch sp] twice, ch 4, (sc, ch 4, sc) in next ch sp, [ch 4, sc in next ch sp] 3 times**, sc in next ch sp, rep from * around, ending last rep at **, join with sl st in beg sc.

Rnd 4: (Sl st, ch 1, sc) in first ch sp, *ch 5, [sc in next ch sp, ch 5] twice, (sc, ch 5, sc) in next ch sp, [ch 5, sc in next ch sp] 3 times**, sc in next ch sp, rep from * around, ending last rep at **, join with sl st in beg sc.

Rnd 5: Ch 1, sl st in each of next 2 chs, ch 1, sc in first ch sp, ch 6, [sc in next ch sp, ch 6] twice, *(sc, ch 6, sc) in next ch sp, [ch 6, sc in next ch sp] 6 times, rep from * once, (sc, ch 6, sc) in next ch sp, [ch 6, sc in next ch sp] 3 times, ch 6, join with sl st in beg sc.

Rnd 6: Ch 1, sl st in each of next 2 chs, ch 1, sc in first ch sp, ch 7, [sc in next ch sp, ch 7] 2 times, *(sc, ch 7, sc) in next ch sp, [ch 7, sc in next ch sp] 7 times, ch 7, rep from * once, (sc, ch 7, sc) in next ch sp, [ch 7, sc in next ch sp] 4 times, ch 7, join with sl st in beg sc.

Rnd 7: Ch 1, sl st in each of next 2 chs, ch 1, sc in first ch sp, [ch 5, sc in next ch sp] around, ch 5, join with sl st in beg sc.

Rnd 8: Ch 1, sc in first st; work following steps to complete rnd:

A. [5 sc in next ch sp, sc in next st] twice, 5 sc in next ch sp, **turn**;

B. Ch 7, sk first 5 sts, sc in next st, [ch 7, sk next 5 sts, sc in next st] twice, **turn**;

C. 9 sc in each of first 2 ch sps, 5 sc in last ch sp, **turn**;

D. [Ch 7, sc in center st of next 9-sc group] twice, **turn**;

E. 9 sc in first ch sp, 5 sc in last ch sp, **turn**;

F. Ch 7, sc in center st of next 9-sc group, **turn**;

G. 5 sc in ch-7 sp, ch 3, sl st in **front lp and left bar** (see illustration) of last sc made, 4 sc in same ch sp, [ch 1, 4 sc in rem of next ch sp] twice, sl st in front lp and left bar of last sc made in step A*, sc in next unworked st on last rnd;

Front lp & left bar:

H. Rep steps A–G 8 times, ending last rep on step G at *, join with sl st in beg sc of rnd. Fasten off.

STIFFENING & BLOCKING

Optional: For blocking with water, dampen finished piece; arrange and shape on a padded surface. Pin in place with rustproof stainless steel pins; allow to dry completely, then remove pins.

If piece needs more stiffening and shaping, fabric stiffener or starching solution may be used. ❏❏

Reflections

Design by Lucille LaFlamme

FINISHED SIZE
5¼ x 7 inches

MATERIALS
- ❑ Crochet cotton size 10:
    - 35 yds lavender
    - 15 yds burgundy
    - 12 yds bright yellow
- ❑ Size 7 steel crochet hook or size needed to obtain gauge

GAUGE
Rnd 1 =1 x 2½ inches

SPECIAL STITCHES
2-treble crochet cluster (2-tr cl): Holding back on hook last lp of each st, 2 tr in indicated st or ch sp, yo, pull through all lps on hook.

V-stitch (V-st): (Dc, ch 2, dc) in indicated st or ch sp.

Beginning V-stitch (beg V-st): (Ch 5 {counts as first dc and ch 2}, dc) in indicated st or ch sp.

Picot: Ch 4, sl st in last sc made.

INSTRUCTIONS
DOILY
Rnd 1 (RS): With bright yellow, [ch 6, **2-tr cl** (see Special Stitches) in 6th ch from hook] 4 times, ch 5, (tr, ch 2, tr) between last 2 2-tr cls made, *[ch 2, (tr, ch 2, tr) between next 2 2-tr cls] twice, ch 5*, sl st at base of first 2-tr cl, ch 5, (tr, ch 2, tr) between first 2-tr cl and next 2-tr cl, rep between *, join with sl st in top of last 2-tr cl. Fasten off. *(10 ch-2 sps, 4 ch-5 sps)*

Rnd 2: With RS facing, join burgundy with sl st in first st of last rnd, ch 1, sc in same st, *7 sc in next ch sp, sc in next tr, [2 sc in next ch sp, sc in next tr] 5 times, 7 sc in next ch sp*, sc in next sl st, rep between *, join with sl st in **back lp** (see Stitch Guide) of beg sc. *(62 sc)*

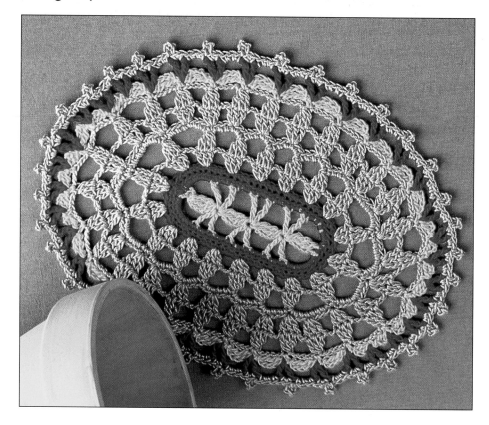

Rnd 3: Working in **back lps** only this rnd, ch 1, sc in first st and in each st around, join with sl st in beg sc. Fasten off. *(62 sc)*

Rnd 4: With RS facing, join lavender with sl st in first st of last rnd, ch 3 *(counts as first dc throughout)*, 2 dc in same st, [ch 2, sk next 2 sc, 3 dc in next sc] 3 times, [ch 2, sk next 3 sc, 3 dc in next sc] 4 times, [ch 2, sk next 2 sc, 3 dc in next sc] 5 times, [ch 2, sk next 3 sc, 3 dc in next sc] 4 times, ch 2, sk next 2 sc, 3 dc in next sc, ch 2, join with sl st in 3rd ch of beg ch-3. *(18 3-dc groups)*

Rnd 5: Ch 2, **dc dec** (see Stitch Guide) in next 2 sts, [ch 7, dc dec in next 3 sts] twice, *[ch 5, dc dec in next 3 sts] 5 times*, [ch 7, dc dec in next 3 sts] 4 times, rep between *, ch 7, dc dec in next 3 sts, ch 7, join with sl st in top of beg dc dec. *(8 ch-7 sps; 10 ch-5 sps)*

Rnd 6: Ch 1, sc in first st, [7 sc in next ch sp, sc in top of dc dec] twice, *5 sc in each of next 5 ch sps, sc in top of next dc dec*, [7 sc in next ch sp, sc in top of next dc dec] 4 times, rep between *, 7 sc in next ch sp, sc in top of next dc dec, 7 sc in next ch sp, join with sl st in beg sc. *(115 sc)*

Rnd 7: (Ch 3, 2 dc) in first st, [ch 2, sk next 3 sc, 3 dc in next sc] 4 times, ch 2, sk next 2 sc, 3 dc in next sc, [ch 2, sk next 4 sc, 3 dc in next sc] 4 times, ch 2, sk next 2 sc, 3 dc in next sc, [ch 2, sk next 3 sc, 3 dc in next sc] 8 times, ch 2, sk next 2 sc, 3 dc in next sc, [ch 2, sk next 4 sc, 3 dc in next sc] 4 times, ch 2, sk next 2 sc, 3 dc in next sc, [ch 2, sk next 3 sc, 3 dc in next sc] 3 times, ch 2, join with sl st in 3rd ch of beg ch-3. *(28 3-dc groups)*

Rnd 8: Ch 2, dc dec in next 2 sts, [ch 7, dc dec in next 3 sts] twice, *[ch 5, dc dec in next 3 sts] 10 times*, [ch 7, dc dec in next 3 sts] 4 times, rep between *, ch 7, dc dec in next 3 sts, ch 7, join with sl st in top of beg dc dec. Fasten off.

Rnd 9: With RS facing, join bright yellow with sl st in first st of last rnd, ch 1, sc in same st, [ch 4, dc in 4th ch from hook, sc in center ch of next ch-7, ch

4, dc in 4th ch from hook, sc in top of next dc dec] twice, *[ch 5, tr in 5th ch from hook, sc in top of next dc dec] 10 times*, [ch 4, dc in 4th ch from hook, sc in center ch of next ch-7, ch 4, dc in 4th ch from hook, sc in top of next dc dec] 4 times, rep between*, **ch 4, dc in 4th ch from hook, sc in center ch of next ch-7, ch 4, dc in 4th ch from hook**, sc in top of next dc dec, rep between **, join with sl st in beg sc. Fasten off.

Rnd 10: With RS facing, join burgundy with sl st in first st of last rnd, **beg V-st** (see Special Stitches) in same st, [ch 2, **V-st** (see Special Stitches) in next sc] 4 times, *[ch 3, V-st in next sc] 10 times*, [ch 2, V-st in next sc] 8 times, rep between *, [ch 2, V-st in next sc] 3 times, ch 2, join with sl st in 3rd ch of beg ch-5. Fasten off. (36 V-sts)

Rnd 11: With RS facing, join lavender with sl st in ch sp of beg V-st, ch 1, (2 sc, **picot**—see Special Stitches) in same ch sp, [2 sc in next ch sp, (2 sc, picot) in next ch sp] 4 times, *[3 sc in next ch sp, (2 sc, picot) in next ch sp] 10 times*, [2 sc in next ch sp, (2 sc, picot) in next ch sp] 8 times, rep between *, [2 sc in next ch sp, (2 sc, picot) in next ch sp] 3 times, 2 sc in last ch sp, join with sl st in beg sc. Fasten off.

STIFFENING & BLOCKING

Optional: For blocking with water, dampen finished piece; arrange and shape on a padded surface. Pin in place with rustproof stainless steel pins; allow to dry completely, then remove pins.

If piece needs more stiffening and shaping, fabric stiffener or starching solution may be used. ❏❏

Carousel

Design by Zelda Workman

FINISHED SIZE
12½ inches in diameter

MATERIALS
- ❏ Crochet cotton size 10:
    200 yds white
- ❏ Size 9/1.25mm steel crochet
    hook or size needed to
    obtain gauge

GAUGE
Rnds 1 and 2 = 4¼ inches with ch
sps extended

SPECIAL STITCHES
3-treble crochet cluster (3-tr cl):
*Yo twice, insert hook in indicated
ch sp, yo, pull lp through, [yo, pull
through 2 lps on hook] twice, rep
from * twice, yo, pull through all
lps on hook.

4-treble crochet cluster (4-tr cl):
*Yo twice, insert hook in indicated
ch sp, yo, pull lp through, [yo, pull
through 2 lps on hook] twice, rep
from * 3 times, yo, pull through all
lps on hook.

Picot: Sl st in 5th ch from hook.

INSTRUCTIONS
DOILY
Rnd 1: Ch 8, sl st in first ch to form ring,
ch 1, [sc in ring, ch 20] 12 times, join
with sl st in beg sc. Fasten off.
Rnd 2: Join with sl st in any ch-20 sp,
*(ch 4, **3-tr cl** {see Special Stitches},
ch 14, 3-tr cl, ch 4, sl st) in same ch
sp, ch 2, sl st in next ch sp, rep from
* around ending last sl st in beg sl st
for joining. Fasten off.

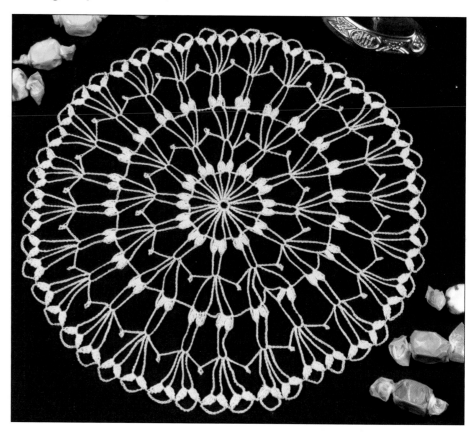

Rnd 3: Join with sl st in any ch-14
sp, sc in same ch sp, [ch 24, sc in
same ch sp] twice, ch 9, **picot** *(see
Special Stitches)*, ch 5, *sc in next
ch-14 sp, [ch 24, sc in same ch sp]
twice, ch 9, picot, ch 5, rep from
* around, join with sl st in beg sc.
Fasten off.
Rnd 4: Join with sl st in any ch-24 sp,
*(ch 4, 3-tr cl, ch 16, 3 tr-cl) in same
ch sp, ch 4, sl st in same ch sp, ch
5, sl st in next ch-24 sp, rep from *
around, join with sl st in top of beg
ch-4. Fasten off.
Rnd 5: Join with sl st in any ch-16 sp,
sc in same ch sp, [ch 24, sc in same
ch sp] twice, ch 9, picot, ch 5, *sc
in next ch-16 sp, [ch 24, sc in same
ch sp] twice, ch 9, picot, ch 5, rep

from * around, join with sl st in beg
sc. Fasten off.
Rnd 6: Join with sl st in any ch-24 sp,
ch 4, 3-tr cl in same ch sp, ch 10,
4-tr cl *(see Special Stitches)* in same
ch sp, (4-tr cl, ch 10, 4-tr cl) in each
ch-24 sp around, join with sl st in
top of beg ch-4. Fasten off.

STIFFENING & BLOCKING
Optional: For blocking with water,
dampen finished piece; arrange and
shape on a padded surface. Pin in
place with rustproof stainless steel
pins; allow to dry completely, then
remove pins.
If piece needs more stiffening and
shaping, fabric stiffener or starching
solution may be used. ❏❏

Dainty Delight

Design by Jocelyn Sass

FINISHED SIZE
14½ inches in diameter

MATERIALS
❏ Fine (sport) weight yarn:
   2½ oz white
   small amount pink
❏ Size D/3/3.25mm crochet hook
   or size needed to obtain gauge

GAUGE
4 dc = ½ inch, 5 shell rnds =
2 inches

PATTERN NOTE
Both **beginning shell** (see Special Stitches) and **shell** (see Special Stitches) will be referred to as shell. If rnd begins with a shell, work beg shell.

SPECIAL STITCHES
Beginning shell (beg shell):
Sl st in ch-2 sp of shell, ch 3 (counts as first dc), (dc, ch 2, 2 dc) in same ch sp.

Shell: (2 dc, ch 2, 2 dc) in ch-2 sp or st.

INSTRUCTIONS
DOILY
Rnd 1: With white, ch 4, sl st in first ch to form a ring, ch 3 (counts as first dc), 11 dc in ring, join with sl st in 3rd ch of beg ch-3. (12 dc)

Rnd 2: Working in **back lps** (see Stitch Guide) only, ch 3, dc in same st, 2 dc in each st around, join with sl st in 3rd ch of beg ch-3. (24 dc)

Rnd 3: Ch 3, (dc, ch 2, 2 dc) in same st (shell), ch 1, sk next 2 sts, [**shell** (see Special Stitches) in next st, ch 1, sk next 2 sts] around, join with sl st in 3rd ch of beg ch-3. (8 shells)

Rnd 4: Beg shell (see Special Stitches), ch 2, [shell in ch-2 sp of shell, ch 2] around, join with sl st in 3rd ch of beg ch-3.

Rnd 5: [Shell (see Pattern Note) in shell, ch 4] around, join with sl st in 3rd ch of beg ch-3.

Rnd 6: [Shell in shell, ch 6] around, join with sl st in 3rd ch of beg ch-3.

Rnd 7: [Shell in shell, ch 8] around, join in 3rd ch of beg ch-3.

Rnd 8: Sl st into ch-2 sp of shell, ch 3, 7 dc in same ch-2 sp of shell, ch 8, [8 dc in next ch-2 sp of shell, ch 8] around, join with sl st in 3rd ch of beg ch-3.

Rnd 9: Ch 4 (counts as first dc and ch 1), dc in next dc, [ch 1, dc in next dc] 6 times, ch 6, *dc in next dc, [ch 1, dc in next dc] 7 times, ch 6, rep from * around, join with sl st in 3rd ch of beg ch-4.

Rnd 10: Ch 3 (counts as first dc), [dc in ch-1 sp, dc in next dc] 7 times, 5 sc in ch-6 sp, *dc in next dc, [dc in ch-1 sp, dc in next dc] 7 times, 5 sc in ch-6 sp, rep from * around, join with sl st in 3rd ch of beg ch-3.

Rnd 11: Ch 1, sc in first st, [ch 3, sk next dc, sc in next dc] 7 times, ch 1, sk next 2 sc, shell in next sc, ch 1, *sc in next dc, [ch 3, sk next dc, sc in next dc] 7 times, ch 1, sk next 2

sc, shell in next sc, ch 1, rep from * around, join with sl st in beg sc.

Rnd 12: Ch 1, sc in ch-3 sp, [ch 3, sc in next ch-3 sp] 6 times, ch 1, (2 dc, ch 2, 2 dc, ch 2, 2 dc) in next ch-2 sp of shell, ch 1, *sc in next ch-3 sp, [ch 3, sc in next ch-3 sp] 6 times, ch 1, (2 dc, ch 2, 2 dc, ch 2, 2 dc) in next ch-2 sp of shell, ch 1, rep from * around, join with sl st in beg sc.

Rnd 13: Ch 1, sc in ch-3 sp, [ch 3, sc in next ch-3 sp] 5 times, [ch 1, shell in next ch-2 sp] twice, ch 1, *sc in next ch-3 sp, [ch 3, sc in next ch-3 sp] 5 times, [ch 1, shell in next ch-2 sp] twice, ch 1, rep from * around; join with sl st in beg sc.

Rnd 14: Ch 1, sc in ch-3 sp, [ch 3, sc in next ch-3 sp] 4 times, ch 1, shell in shell, shell in next ch-1 sp, shell in shell, ch 1, *sc in next ch-3 sp, [ch 3, sc in next ch-3 sp] 4 times, ch 1, shell in shell, shell in next ch-1 sp, shell in shell, ch 1, rep from * around, join with sl st in beg sc.

Rnd 15: Ch 1, sc in ch-3 sp, [ch 3, sc in next ch-3 sp] 3 times, [ch 2, shell in shell] 3 times, ch 2, *sc in next ch-3 sp, [ch 3, sc in next ch-3 sp] 3 times, [ch 2, shell in shell], ch 2, rep from * around, join with sl st in beg sc.

Rnd 16: Ch 1, sc in ch-3 sp, [ch 3, sc in next ch-3 sp] twice, ch 2, shell in shell, ch 3, (2 dc, ch 4, 2 dc) in ch sp of next shell, ch 3, shell in shell, ch 2, *sc in next ch-3 sp, [ch 3, sc in next ch-3 sp] twice, ch 2, shell in shell, ch 3, (2 dc, ch 4, 2 dc) in ch sp of next shell, ch 3, shell in shell, ch 2, rep from * around, join with sl st in beg sc.

Rnd 17: Ch 1, *sc in ch-3 sp, ch 3, sc in next ch-3 sp, ch 2, shell in shell, ch 3, 12 dc in next ch-4 sp, ch 3,

shell in shell, ch 2, rep from * around, join with sl st in beg sc.

Rnd 18: Ch 1, sl st into first ch-3 sp, ch 5 (counts as first dc and ch 2), shell in shell, ch 3, dc in next dc of 12-dc group, [ch 1, dc in next dc] 11 times, ch 3, shell in shell, ch 2, *1 dc in ch-3 sp of pineapple, ch 2, shell in shell, ch 3, dc in next dc of 12-dc group, [ch 1, dc in next dc] 11 times, ch 3, shell in shell, ch 2, rep from * around, join with sl st in 3rd ch of beg ch-5, pull up a lp of pink, fasten off white.

Rnd 19: Ch 1, *sc in dc, 2 sc in ch-2 sp, sc in each of next 2 dc, 2 sc in ch-2 sp, sc in each of next 2 dc, 2 sc in ch-3 sp, sc in next dc, [sc in

ch-1 sp, sc in next dc] 11 times, 2 sc in ch-3 sp, sc in next 2 dc, 2 sc in ch-2 sp, sc in each of next 2 dc, 2 sc in next ch-2 sp, rep from * around, join with sl st in beg sc.

Rnd 20: Ch 3, 2 dc in same st, sk next st, sl st in next st, sk next st, *3 dc in next st, sk next st, sl st in next st, sk next st, rep from * around, join with sl st in 3rd ch of beg ch-3. Fasten off.

Center Petal
Join pink in unworked lp of rnd 1, ch 3, 2 dc in same st, sl st in next st, [3 dc in next st, sl st in next st] around, join with sl st in 3rd ch of beg ch-3. Fasten off. ❑❑

Wild Rose Doily

Design by Carol Alexander and Brenda Stratton

SKILL LEVEL

INTERMEDIATE

FINISHED SIZE
9 inches across

MATERIALS
- ❑ Crochet cotton size 10:
  - 50 yds each white and rose
  - 30 yds shaded rose
  - 15 yds green
- ❑ Size 7/1.65mm steel crochet hook or size needed to obtain gauge

GAUGE
Center flower is 1½ inches across

SPECIAL STITCHES
Small picot: Ch 2, sc around post (see Stitch Guide) of last dc made.

Large picot: Ch 3, sc around post (see Stitch Guide) of last dc made.

INSTRUCTIONS
DOILY
Rnd 1: With rose, ch 6, sl st in first ch to form ring, ch 1, 16 sc in ring, join with sl st in beg sc. (16 sc)
Rnd 2: Ch 7 (counts as first dc and ch

4), sk next st, [dc in next st, ch 4, sk next st] around, join with sl st in 3rd ch of beg ch-7. Fasten off.

Rnd 3: Join white with sl st in any ch-4

sp, ch 3 (counts as first dc), 3 dc in same ch sp, ch 10, [4 dc in next ch-4 sp, ch 10] around, join with sl st in 3rd ch of beg ch-3.

Rnd 4: Sl st in next st, ch 1, sc in sp between 2nd and 3rd dc of same 4-dc group, (7 dc, ch 5, 7 dc) in next ch-10 sp, *sc in sp between 2nd and 3rd dc of next 4-dc group, (7 dc, ch 5, 7 dc) in next ch-10 sp, rep from * around, join with sl st in beg sc. Fasten off.

Rnd 5: For **leaves,** working in front of last 2 rnds in dc of rnd 2, join green with sl st in any st, ch 3, 2 dc in same st, **large picot** *(see Special Stitches),* (dc, ch 3, sl st) in same st, ch 2, (sl st, ch 3, 2 dc, large picot, dc, ch 3, sl st, ch 2) in each dc around, join with sl st in 3rd ch of beg ch-3. Fasten off.

Rnd 6: For **flowers,** working in front of leaves around post *(see Stitch Guide)* of dc on rnd 2, join rose with sc around any dc, ch 1, 3 dc around same st, **small picot** *(see Special Stitches)* (2 dc, ch 1, sc) around post of same st, (sc, ch 1, 3 dc, small picot, 2 dc, ch 1, sc) around post of each st around, join with sl st in beg sc. Fasten off.

Rnd 7: Join shaded rose with sc in center ch of any ch-5 on rnd 4, ch 15, [sc in center ch of next ch-5, ch 15] around, join with sl st in beg sc.

Rnd 8: Ch 1, sc in first st, ch 7, sc in next ch sp, ch 7, (sc in same ch sp, ch 7) twice, *sc in next st, ch 7, sc in next ch sp, ch 7, [sc in same ch sp, ch 7] twice; rep from * around, join with sl st in beg sc.

Rnds 9 & 10: Sl st in each of next 3 chs of next ch-7, ch 1, sc in same ch sp, ch 7, [sc in next ch sp, ch 7] around, join with sl st in beg sc. At end of last rnd, fasten off.

Rnd 11: Join white with sc in first ch sp, ch 11, sc in next ch sp, ch 5, [sc in next ch sp, ch 11, sc in next ch sp, ch 5] around to last 2 ch sps, sc in next ch sp, ch 11, sc in next ch sp, join with ch 2, dc in first sc forming last ch sp.

Rnd 12: Ch 1, sc in ch sp just made, (7 dc, ch 5, 7 dc) in next ch-11 sp, *sc in next ch-5 sp, (7 dc, ch 5, 7 dc) in next ch-11 sp, rep from * around, join with sl st in beg sc. Fasten off.

Rnd 13: Join rose with sc in any ch sp, 4 sc in same ch sp, sc in each of next 7 sts, ch 8, sl st in last sc worked, sk next sc, sc in each of next 7 sc, *5 sc in next ch sp, sc in each of next 7 sts, ch 8, sl st in last sc worked, sk next sc, sc in each of next 7 sts, rep from * around, join with sl st in beg sc.

Rnd 14: Ch 1, sc in each of first 2 sts, *3 sc in next st, sc in each of next 9 sts, 12 sc in next ch sp, sl st in base of same ch sp**, sc in each of next 9 sts, rep from * around, ending last rep at **, sc in each of last 7 sts, join with sl st in beg sc. Fasten off. ❏❏

Blue Hearts

Design by Ruth Shepherd

FINISHED SIZE
12 inches in diameter

MATERIALS
- ❑ Crochet cotton size 10:
  250 yds blue
- ❑ Size 7/1.65mm steel crochet hook or size needed to obtain gauge

GAUGE
Rnds 1 and 2 = 1½ inches across

INSTRUCTIONS

DOILY

Rnd 1: Ch 10, sl st in first ch to form ring, ch 3 *(counts as first dc)*, 15 dc in ring, join with sl st in 3rd ch of beg ch-3. *(16 dc)*

Rnd 2: Ch 3, dc in same st, ch 1, [2 dc in next dc, ch 1] around, join with sl st in 3rd ch of beg ch-3. *(32 dc)*

Rnd 3: Ch 1, sc in first st, *ch 5, sk next 3 sts, sc in next st, ch 3, sk next st**, sc in next st, rep from * around, ending last rep at **, join with sl st in beg sc. *(8 ch-5 sps and 8 ch-3 sps)*

Rnd 4: Sl st in first ch-5 sp, ch 3, 2 dc in same ch sp, *ch 3, sc in next ch-3 sp, ch 3**, 3 dc in ch-5 sp, rep from * around, ending last rep at **, join with sl st in 3rd ch of beg ch-3.

Rnd 5: Ch 3, dc same st, dc in next dc, 2 dc in next dc, *[ch 3, sc in ch-3 sp] twice, ch 3**, 2 dc in next dc, dc in next dc, 2 dc in next dc, rep from * around, ending last rep at **, join in 3rd ch of beg ch-3.

Rnd 6: Ch 3, dc in next dc, ch 2, dc in next dc, ch 2, dc in each of next 2 dc, *ch 5, sk next ch-3 sp, sc in next ch-3 sp, ch 5, sk next ch-3 sp**, dc in each of next 2 dc, ch 2, dc in next dc, ch 2, dc in each of next 2 dc, rep from * around, ending last rep at **, join with sl st in 3rd ch of beg ch-3.

Rnd 7: Ch 3, dc in next dc, *ch 3, 5 dc in next dc, ch 3, dc in each of next 2 dc, [ch 3, sc in next ch-5 sp] twice, ch 3**, dc in each of next 2 dc, rep from * around, ending last rep at ** join with sl st in 3rd ch of beg ch-3.

Rnd 8: Ch 3, dc in next dc, *ch 3, 2 dc in each of next 2 dc, ch 1, dc in next dc, ch 1, 2 dc in each of next 2 dc, ch 3, dc in each of next 2 dc, ch 1**, dc in each of next 2 dc, rep from * around, ending last rep at ** join with sl st in 3rd ch of beg ch-3.

Rnd 9: Ch 3, dc in next dc, *ch 3, 2 dc in next dc, dc in each of next 3 dc, ch 2, dc in next dc, ch 2, dc in each of next 3 dc, 2 dc in next dc, ch 3, dc in each of next 4 dc, rep from * around, ending last rep with dc in each of next 2 dc, join with sl st in 3rd ch of beg ch-3.

Rnd 10: Ch 3, dc in next dc, *ch 3, 2 dc in next dc, dc in each of next 4 dc, ch 3, sc in next dc, ch 3, dc in each of next 4 dc, 2 dc in next dc, ch 3, dc in each of next 2 dc, ch 1, dc in each of next 2 dc, rep from * around, ending last rep dc in each of next 2 dc, ch 1, join with sl st in 3rd ch of beg ch-3.

Rnd 11: Ch 3, dc in next dc, *ch 3, dc in each of next 6 dc, ch 3, sc in next sc, ch 3, dc in each of next 6 dc, ch 3, dc in each of next 2 dc, ch 2, dc in each of next 2 dc, rep from * around, ending last rep dc in each of next 2 dc, ch 1, join with sl st in 3rd ch of beg ch-3.

Rnd 12: Ch 3, dc in next dc, *ch 3, sk next dc, dc in each of next 4 dc, (dc, ch 1, dc) in next dc, (2 dc, hdc, sc) in next ch-3 sp, sc in next sc, (sc, hdc, 2 dc) in next ch-3 sp, (dc, ch 1, dc) in next dc, dc in each of next 4 dc, [ch 3, dc in each of next 2 dc] twice, rep from * around, ending last rep ch 3, dc in each of next 2 dc, ch 3, join with sl st in 3rd ch of beg ch-3.

Rnd 13: Ch 3, dc in next dc, *ch 3, dc in next dc, ch 3, dc in next ch-1 sp, ch 7, dc in next ch-1 sp, ch 3, sk next 4 dc, dc in next dc, [ch 3, dc in each of next 2 dc] twice, rep from * around, ending last rep ch 3, dc in each of next 2 dc, ch 3, join with sl st in 3rd ch of beg ch-3.

Rnd 14: Ch 3, dc in next dc, *[ch 3, 2 dc in next dc] twice, ch 3, 2 dc in 4th ch of next ch-7, [ch 3, 2 dc in next dc] twice, [ch 3, dc in each of next 2 dc] twice, rep from * around, ending last rep ch 3, dc in each of next 2 dc, ch 3, join with sl st in 3rd ch of beg ch-3.

Rnd 15: Ch 3, dc in next dc, *[ch 3, dc in each of next 2 dc] 6 times, ch 4**, dc in each of next 2 dc, rep from * around, ending last rep at **, join with sl st in 3rd ch of beg ch-3.

Rnd 16: Ch 3, dc in next dc, *[ch 3, dc in each of next 2 dc] 6 times, ch 5**, dc in each of next 2 dc, rep from * around, ending last rep at **, join with sl st in 3rd ch of beg ch-3.

Rnd 17: Ch 3, dc in next dc, *[ch 3, dc in each of next 2 dc] 6 times, ch 7**, dc in each of next 2 dc, rep from * around, ending last rep at **, join with sl st in 3rd ch of beg ch-3.

Rnd 18: Ch 3, dc in next dc, *[ch 3, dc in each of next 2 dc] 6 times, 13 dc in ch-7 sp**, dc in each of next 2 dc, rep from * around, ending last rep at **, join in 3rd ch of beg ch-3.

Rnd 19: Sl st to next st, ch 6, dc in each of next 2 dc, [ch 3, dc in each of next 2 dc] 4 times, *ch 3, dc in next dc, [ch 1, sk next dc, dc in next dc] 3 times, ch 1, sk next dc, (dc, ch 3 dc) in next dc**, [ch 1, sk next dc, dc in next dc] 4 times, [ch 3, dc in each of next 2 dc] 5 times, rep from * around, ending last rep at **, [ch 1, sk next dc, dc in next dc] 3 times, ch 1, join with sl st in 3rd ch of beg ch-6.

Rnd 20: *[Ch 5, sc in each of next 2 dc] 5 times, ch 5, sc in next dc, [ch 3, sc in next dc] 4 times, ch 5, sc in next dc, [ch 3, sc in next dc] 4 times, rep from * around, join with sl st in 5th ch of beg ch-5. Fasten off. ❏❏

Tiny Treasures

Designs by Jo Ann Maxwell and Sandy Abbate

SKILL LEVEL

BEGINNER

FINISHED SIZE

Cornflower & Cream Doily is 9 inches in diameter

Dasiy in the Sun Doily is 6½ inches in diameter

MATERIALS

❑ Crochet cotton size 10:
  75 yds cream
  40 yds blue
  Small amount each yellow, white and light blue
❑ Size 5/1.90mm steel crochet hook or size needed to obtain gauge
❑ Size 8/1.50mm steel crochet hook or size needed to obtain gauge

GAUGE

Size 5/1.90mm steel crochet hook:
Rnds 1–4 = 2¼ inches in diameter
Size 8/1.50mm steel crochet hook:
Rnds 1 and 2 = 2¼ inches in diameter

SPECIAL STITCHES

Picot: Ch 3, sl st in last sc made.

Shell: (2 dc, ch 2, 2 dc) in indicated st or sp.

Beginning shell (beg shell): (Ch 3–*counts as first dc*, dc, ch 2, 2 dc) in indicated st or sp.

INSTRUCTIONS
CORNFLOWER & CREAM DOILY

Design by Jo Ann Maxwell

Rnd 1 (RS): With cream, ch 4, 15 dc in 4th ch from hook *(first 3 chs count as first dc)*, join with sl st in top of beg ch-4. *(16 dc)*

Rnd 2: Ch 1, sc in first st, sk next st, [sc in next st, sk next st] around, join with sl st in beg sc. Fasten off. *(8 sc)*

Rnd 3: With RS facing, join blue with sl st in any sc, ch 1, (sc, ch 9, sc) in first st and in each st around, join

with sl st in beg sc. *(8 ch-9 sps)*

Rnd 4: *[Sc in next ch, 2 sc in next ch] twice, (sc, ch 1, sc) in next ch, [2 sc in next ch, sc in next ch] twice, sk next sc**, sl st in next sc, rep from * around, ending last rep at **, join with sl st in joining sl st of rnd 3. Fasten off. *(8 petals)*

Rnd 5: With RS facing, join cream with sl st in ch-1 sp at tip of any petal, ch 1, sc in same ch sp, ch 9,

[sc in ch-1 sp at tip of next petal, ch 9] around, join with sl st in beg sc. *(8 ch-9 sps)*

Rnd 6: *Sc in first ch of next ch-9, [2 sc in next ch, sc in next ch] 4 times, rep from * around, join with sl st in **back lp** *(see Stitch Guide)* only of beg sc.

Rnd 7: Working in **back lps** only this rnd, sl st in each of next 2 sc, ch 3 *(counts as first dc)*, dc in same st, *[ch

3, sk next 3 sc, 2 dc in next sc] twice, ch 3**, 2 dc in 3rd sc of next 13-sc group, rep from * around, ending last rep at **, join with sl st in top of beg ch-3. *(48 dc)*

Rnd 8: Ch 1, sc in first st, sc in each dc and in each ch around, join with sl st in beg sc. *(120 sc)*

Rnd 9: Sl st in each of next 3 sc, ch 1, (sc, **picot**–*see Special Stitches*) in same st, ch 5, sk next 4 sc, *(sc, picot) in next sc, ch 5, sk next 4 sc, rep from * around, join with sl st in beg sc.

Rnd 10: Sl st in each of next 3 chs of ch-5, **beg shell** (*see Special Stitches*) in same ch, ch 2, [**shell** (*see Special Stitches*) in center ch of next ch-5, ch 2] around, join with sl st in top of beg ch-3. Fasten off. *(24 shells)*

Rnd 11: With RS facing, join blue with sl st in ch sp of any shell, ch 3 *(counts as first dc)*, 6 dc in same ch sp, sc in next ch-2 sp, [7 dc in ch sp of next shell, sc in next ch-2 sp] around, join with sl st in top of beg ch-3. Fasten off.

Rnd 12: With RS facing, join cream with sl st in back lp only of center dc of any 7-dc group, beg shell in same st, working in back lps only this rnd, ch 3, [shell in center dc of next 7-dc group, ch 3] around, join with sl st in 3rd ch of beg ch-3.

Rnd 13: Sl st in next dc and in ch sp of next shell, ch 1, sc in same ch sp, *ch 9, sc in ch sp of next shell, ch 3, sc in next ch-3 sp, ch 3**, sc in ch sp of next shell, rep from * around, ending last rep at **, join with sl st in beg sc.

Rnd 14: Ch 1, *sc in first ch of next ch-9, [2 sc in next ch, sc in next ch] 4 times, sc in next ch-3 sp, ch 1, shell in next sc, ch 1, sc in next ch-3 sp, rep from * around, join with sl st in back lp only of beg sc.

Rnd 15: Ch 5 *(counts as first dc and ch-2)*, *[sk next sc, dc in next sc, ch 2] 6 times, sc in ch sp of next shell, ch 2**, dc in first sc of next 13-sc group, ch 2, rep from * around, ending last rep at **, join with sl st in 3rd ch of beg ch-5. Fasten off.

Rnd 16: With RS facing, join blue with sl st in any sc of last rnd, ch 3 *(counts as first dc)*, 6 dc in same st, *sc in next dc, [ch 3, sc in next dc] 6 times**, 7 dc in next sc, rep from * around, ending last rep at **, join with sl st in top of beg ch-3. Fasten off.

DAISY IN THE SUN DOILY
Design by Sandy Abbate

Rnd 1 (RS): With yellow, ch 8, sl st in first ch to form ring, ch 1, [sc in ring, ch 5] 12 times, join with sl st in beg sc. Fasten off. *(12 ch-5 sps)*

Rnd 2: With RS facing, join white, with sl st in any ch-5 sp, ch 1, (sc, ch 9, hdc in 4th ch from hook, hdc in next ch, dc in each of next 4 chs) in same ch-5 sp and in each ch-5 sp around, join with sl st in beg sc. Fasten off. *(12 petals)*

Rnd 3: With RS facing, join light blue with sl st in ch-3 sp at tip of any petal, ch 1, sc in same ch sp, ch 6, [sc in ch sp at tip of next petal, ch 6] around, join with sl st in beg sc. *(12 ch-6 sps)*

Rnd 4: Sl st in first ch-6 sp, ch 3 *(counts as first dc throughout)*, 7 dc in same ch sp, 8 dc in each ch sp around, join with sl st in 3rd ch of beg ch-3. *(96 dc)*

Rnd 5: Ch 1, sc in first st, ch 5, [sc in each of next 3 sts, ch 5] around to last 2 sts, sc in each of last 2 sts, join with sl st in beg sc. *(32 ch-5 sps)*

Rnd 6: Sl st in first ch-5 sp, ch 1, sc in same ch sp, *ch 25, sk next 2 ch-5 sps, sc in next ch sp, ch 4**, sc in next ch sp, rep from * around, ending last rep at **, join with sl st in beg sc.

Rnd 7: Sl st in first ch-25 sp, (ch 3, 17 dc, ch 3, 18 dc) in same ch sp, (18 dc, ch 3, 18 dc) in each ch-25 sp around, join with sl st in 3rd ch of beg ch-3. Fasten off.

Rnd 8: With RS facing, working behind ch-25 sps of rnd 6, join yellow with sl st in first unworked ch-5 sp to the left of any pair of unworked ch-5 sps on rnd 5, ch 1, sc in same ch sp, *ch 25, sc in next unworked ch-5 sp, ch 4**, sc in next unworked ch-5 sp, rep from * around, ending last rep at **, join with sl st in beg sc.

Rnd 9: Sl st in first ch-25 sp, (ch 3, 17 dc, ch 3, 18 dc) in same ch sp, (18 dc, ch 3, 18 dc) in each ch-25 sp around, join with sl st in 3rd ch of beg ch-3. Fasten off.

Rnd 10: With RS facing, join yellow with sl st in ch-3 sp at tip of any point, ch 1, (sc, ch 3, sc) in same ch sp, *ch 6, holding same point and next point tog and working through both thicknesses at the same time, (sc, ch 3, sc) in 7th dc from ch-3 sps at tips of points, ch 6**, (sc, ch 3, sc) in ch-3 sp at tip of next point, rep from * around, ending last rep at **, join with sl st in beg sc. Fasten off. ❑❑

Stitch Guide

ABBREVIATIONS

beg	begin/beginning
bpdc	back post double crochet
bpsc	back post single crochet
bptr	back post treble crochet
CC	contrasting color
ch	chain stitch
ch-	refers to chain or space previously made (i.e. ch-1 space)
ch sp	chain space
cl	cluster
cm	centimeter(s)
dc	double crochet
dec	decrease/decreases/decreasing
dtr	double treble crochet
fpdc	front post double crochet
fpsc	front post single crochet
fptr	front post treble crochet
g	gram(s)
hdc	half double crochet
inc	increase/increases/increasing
lp(s)	loop(s)
MC	main color
mm	millimeter(s)
oz	ounce(s)
pc	popcorn
rem	remain/remaining
rep	repeat(s)
rnd(s)	round(s)
RS	right side
sc	single crochet
sk	skip(ped)
sl st	slip stitch
sp(s)	space(s)
st(s)	stitch(es)
tog	together
tr	treble crochet
trtr	triple treble
WS	wrong side
yd(s)	yard(s)
yo	yarn over

Chain—ch: Yo, pull through lp on hook.

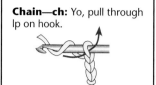

Slip stitch—sl st: Insert hook in st, yo, pull through both lps on hook.

Single crochet—sc: Insert hook in st, yo, pull through st, yo, pull through both lps on hook.

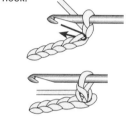

Front loop—front lp Back loop—back lp

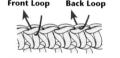

Front Loop   Back Loop

Front post stitch—fp: Back post stitch—bp: When working post st, insert hook from right to left around post st on previous row.

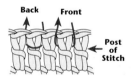

Back   Front

Post of Stitch

Half double crochet—hdc: Yo, insert hook in st, yo, pull through st, yo, pull through all 3 lps on hook.

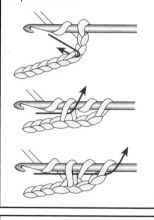

Double crochet—dc: Yo, insert hook in st, yo, pull through st, [yo, pull through 2 lps] twice.

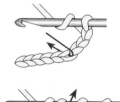

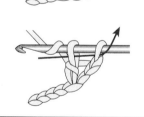

Change colors: Drop first color; with second color, pull through last 2 lps of st.

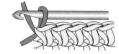

Treble crochet—tr: Yo twice, insert hook in st, yo, pull through st, [yo, pull through 2 lps] 3 times.

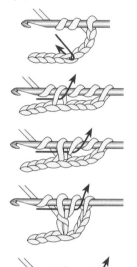

Double treble crochet—dtr: Yo 3 times, insert hook in st, yo, pull through st, [yo, pull through 2 lps] 4 times.

Single crochet decrease (sc dec): (Insert hook, yo, draw up a lp) in each of the sts indicated, yo, draw through all lps on hook.

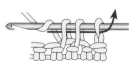

Example of 2-sc dec

Half double crochet decrease (hdc dec): (Yo, insert hook, yo, draw lp through) in each of the sts indicated, yo, draw through all lps on hook.

Example of 2-hdc dec

Double crochet decrease (dc dec): (Yo, insert hook, yo, draw lp through, yo, draw through 2 lps on hook) in each of the sts indicated, yo, draw through all lps on hook.

Example of 2-dc dec

US		UK
sl st (slip stitch)	=	sc (single crochet)
sc (single crochet)	=	dc (double crochet)
hdc (half double crochet)	=	htr (half treble crochet)
dc (double crochet)	=	tr (treble crochet)
tr (treble crochet)	=	dtr (double treble crochet)
dtr (double treble crochet)	=	ttr (triple treble crochet)
skip	=	miss

For more complete information, visit

StitchGuide.com

306 East Parr Road
Berne, IN 46711
© 2005 Annie's Attic

TOLL-FREE ORDER LINE or to request a free catalog (800) LV-ANNIE (800) 582-6643
Customer Service (800) AT-ANNIE (800) 282-6643, **Fax** (800) 882-6643
Visit www.AnniesAttic.com

ISBN: **1-59635-036-9**
Printed in USA
1 2 3 4 5 6 7 8 9